스웨덴보그의 영혼의 세계

나는 영계를 보고 왔다

[원제 死者의 書]

▲ 엠마누엘 · 스웨덴보그(Ema-
　nuel Swedenborg : 1688～1
　772)
　스웨덴의 신비사상자이며 심령술
의 선구자로, 철학자 · 과학자 · 천
문학자 · 동물학자 · 해부학자 · 물
리학자를 겸했다. 청년기부터 영력
(靈力)을 가졌으며, 1744년부터
영의 세계에 대해 집필을 시작했
다.

▲ 안드류 · 쨰슨 · 티피스
　미국 뉴욕의 심령술 선구자. 17
세때 부터 최면상태에서 환자를
진단하는 방법을 처음 개발했고,
스웨덴보그가 죽은지 72년이 지난
1844년에 환시(幻視)중 스웨덴보
그와 2세기의 그리스 의학자인
크라우데뷔스 · 카레누스의 영혼을
만났다.

▲ 다니엘 · 왕글라스 · 홈,
　1833년 스코트랜드 출생의 최고
영매자. 공중속에 뜨거나 빵이
지진처럼 흔들리고 심령의 손이
보이는 등 홈이 만드는 이상한
현상은 신기했다. 그는 에리자베
드 · 버넷드 · 브라우닝을 비롯하여
나폴레옹 3세에게도 큰 감명을
주었다.

▲ 알랑 · 깔딕
　프랑스 출신으로 심령술의 기초
텍스트를 만들었다. 탄생했을 때는
이쁘릿또 · 레옹 · 드느절 · 리벨르
였으나 전생의 이름이 알랑 · 깔딕
인 것을 믿고 이것을 필명으로
사용했다. 그의 철학서적《영감의
책》은 지금도 읽혀지고 있다.

▲ 윌리엄 · 버렛드 경(卿)
　아일랜드 더블린에 있는 초얄 · 칼
리지의 의학 · 물리학 교수였으나
심령연구의 기초를 만들었다. 처음
에는 애매하게 보이는 심령현상에
대해 의심을 가졌으나 텔레파시는
증명된다고 생각했다. 결국 그는
실험에 의해 영계의 존재를 확신하
게 되었다.

▲ 올리버 · 롯지경(卿)
　영국 리버풀대학의 세계적 물리학
자였던 롯지교수도 1920년대에
텔레파시 시험을 하고 있었다.
결국 심령현상을 과학적으로 조사
한 뒤 심령술 신봉자가 되었다.
또 죽은 자식과의 교신에 의해
심령의 영향에 관한 책을 집필했
다.

▲ 네오노아 · 파이파 부인
미국 포스톤의 유명한 영매자.
그녀의 영 현상은 대부분 엄밀한
과학적 감시 밑에서 행해졌다.
그녀의 영적 능력은 정신집중에
의한 것으로 향기를 풍기는 꽃이
눈앞에 나타난 뒤 얼마후 시드는
현상과 비슷했다.

▲ 헨리 · 스레이드 박사
미국의 유명한 석판(石板)필기의
영매자. 특히 검은 칠판에서의
심령 필기가 관심을 집중시켰다.
그는 소련의 레닌그라드 대학에서
연구중인 브라파츠키 부인과 오르
콧트 대령에게 초자연 현상을 1
876년에 보여 주었다.

▲ 마이나 · 그랑톤
미국의 여성 영매자로 하바드 의과
대학의 외과교수 부인이며 본명은
마젤리 · 그랑톤. 그녀의 지배령
(支配靈)은 1911년 열차사고로
죽은 오빠였다. 그녀가 최초로
국제적인 관심을 집중시킨 것은
'눈에 보이는 심령현상'을 만들수
있는 영매자에 많은 상금을 제공한
다는 〈사이언티휙 · 아메리카〉잡지
의 제안에 응모했을 때다.

▲ 윌리암 · 스테이트 · 모지스
목사였던 영국의 영매자. 그는
유명한 자동 필기를 보여주었다.
그는 황홀한 상태에서 계속 글을
썼으며, 영 자신이 사용하는 단어
가 혼합되어 있었다.

▲ 위니프렛 · 쿰 · 데난트 부인
영국의 치안 판사였던 그녀는 동시
에 위렛트 부인이라는 별명을 갖인
영매자이기도 했다. 그녀는 정상적
인 상태에서 자동필기를 했다.
사후에도 그녀는 상세한 영 통신을
보내 왔다.

▲ 제랄린 · 카밍즈
아일랜드의 여성 영매자. 그녀
의 자동필기는 주로 신비적인
면이 많았다. 그리고 놀랠만큼
박식했다. 위니프렛 · 쿰 · 레단
트의 아들로 부터 돌아간 어머
니와 영신(靈信)하고 싶다는
의뢰를 받은 그녀는 1957년부
터 3년동안 영신 필기를 하였
는데, 그 내용은 가까운 가족만
이 알수 밖에 없는 상세한 것으
로 가득차 있었다.

유명한 심령사진

19세기 후반부터 20세기 초에 걸쳐 미국의 윌리엄·마물러와 영국의 윌리엄·흡 등이 심령사진 작가로 등장했다.

그들은 스냅 사진을 찍을 때, 피사체 뒤에 죽은 부모나 친척의 얼굴, 모습 등을 떠오르게 한뒤 촬영 했다. 이와같은 심령사진은 촬영자에게 영 능력이 비장되어 있기 때문에 가능했다.

이 사진은 1932년 11월 11일, 영능자 아타·테인 부인에 의해 촬영된 것으로, 여기에 참석한 사람들 머리 위에 엑크토프라즘(幽體)으로 보이는 에너지 물체가 떠올라 있다.

古典的心霊写真

Psychic Photograph-Wellknown

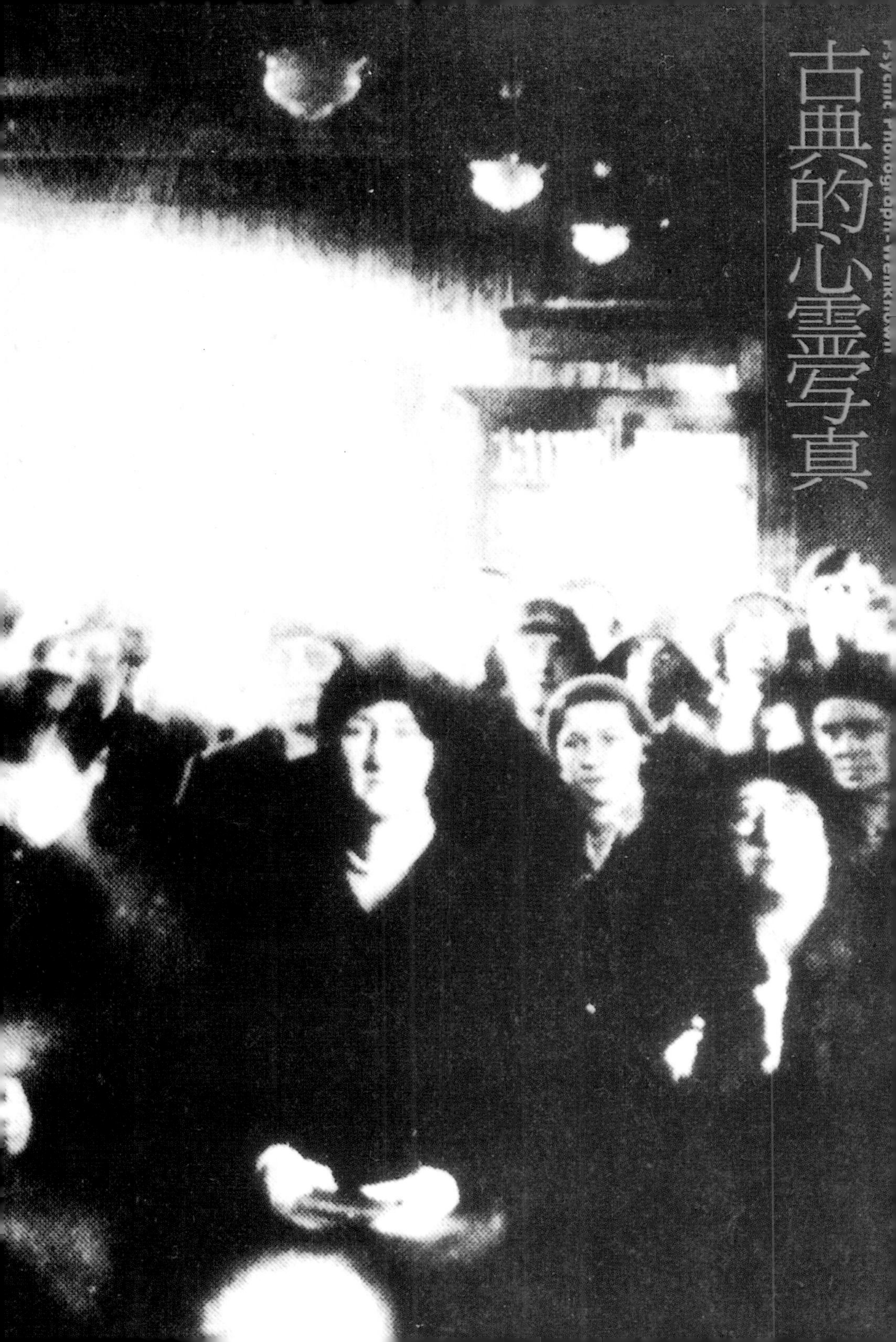

Letty Hyde. d. 1.21. 1921. Photo taken Sept
L. to R. Sir h??n Barrett. F.R.S., Miss Scatcherd, S.D?
Mediums. W??m Hope and Mrs Buxton. Plates spe?
?d and packet taped & double-sealed by the Imp?
?ate Co. Development by S. De Brath. M. Inst. C.E.

◀ 20세기 초에 활약한 영국의 심령사진
작가 윌리엄 · 홉이 촬영한 촬즈 부처의
스냅 사진. 이 사진 위에는 1913년에
죽은 부인의 아버지인 프랭크 · 버넷드
의 유자(幽姿)가 나타나 있다.

◀ 윌리엄 · 홉이 1924년 9월에 영매자인
버크스톤 부인과 같이 촬영한 스냅사진
이다. 여기에도 1921년 11월에 사망한
레리 · 하이드의 얼굴이 뒤에 떠오르고
있다. 이 홉의 심령사진은 진실성이
높은 것으로 알려져 있다.

▶ 윌리엄 · 홉이 찍은 심령 사진. 이것은
롱게키부인의 스냅 사진인데, 이미
돌아간 그녀의 여동생 모습이 나타나
사진에 찍혀 있다.

유령의 개
▲ 동물의 유령 모습도 가끔 사진으로 촬영된다. 영국 베킹검 셔에서 1916년에 촬영된 이 사진은 여러가지 희미한 개사진이 찍혀져 있다.

◀ 벽에 나타난 목사의 얼굴
1897년에 사망한 목사의 옆 얼굴이 교회의 출입구 옆에 있는 외벽에 돌연 나타났다.

▶ 소녀의 옆에 나타난 숙부의 유령
활짝 웃고 있는 소녀의 팔밑부분을 잘보라. 이것은 1922년 미국 뉴저지주 뉴아크의 소녀 이자베라·허고를 가족들이 찍은 스냅사진이다. 촬영시에는 보이지 않았으나 오래 전에 돌아가신 숙부의 모습이 들어 있었다.

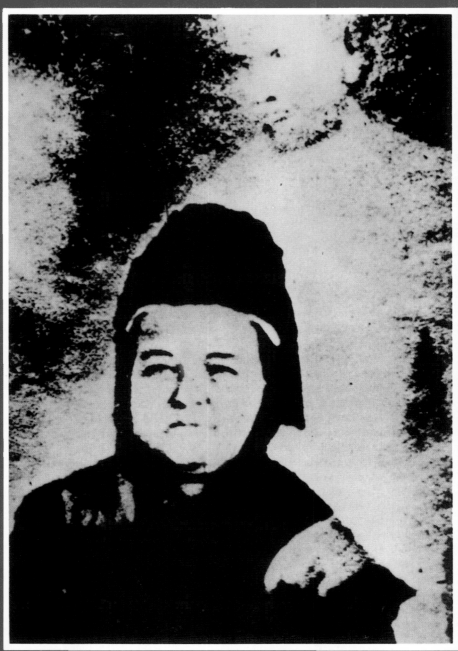

▲ 암살된 링컨 대통령의 유령 모습
미국의 심령사진작가 윌리엄 미물러가 1865년 말경에 촬영한 사진이
다. 그해 4월에 암살된 링컨대통령의 유령 모습이 뒤에 서서 그녀의
양쪽 어깨에 손을 얹고 있다. 링컨은 생전에 심령현상에 대해 깊은 관
심을 가지고 부인과 같이 심령회에 참석한 바가 있다고 한다.

▲ 소녀의 복부에서 나오는 유체

이것은 보통 심령사진(사이킥 포토그라프)이라고 불리우고 있는 살아 있는 인간에 의해 일어나고 있는 현상의 하나다. 1957년 미국 일리노이주 시카코에서 촬영된 것으로서 촬영에는 구식 포라로이드 카메라가 사용되었다. 필름을 빼는 순간에 기묘한 형상이 화면에 나타났다. 많은 영능자들은 이것이 심령체인 것 같다고 지적하고 있다. 이 소녀는 옛날에 몇번의 영적 체험이 있었다고 말하고 있다.

▲ 휘황 찬란한 성모마리아의 출현
바닷가에 있는 교회의 십자가를 촬영했을 때 뒷편에서 빛나는 성모상
이 촬영되었다. 이 기적은 1977년의 부활제에서 미국 플로리다주 파
스 · 아 · 브릴에서 발생되었다. 촬영자인 쥬디 · 라쿠엘 부인은 이때
성모 마리아의 목소리를 들었다고 한다.

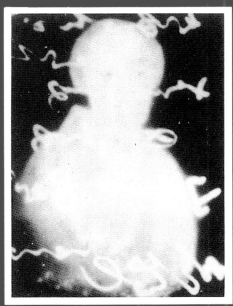

▲ 달의 뒷면을 염사(念寫)한 남자
지금은 전설처럼 되었지만 염사를 통해
달의 뒷면을 예언한 남자의 사진이다. 당시
에는 이것이 믿어지지 않았지만 미국, 소련
의 달나라 탐사에 의해 확인되었다.

▲ 자동필기되는 모양
그레스·로셔라고 하는 영매자를 통해 교신
되고 있는 자동으로 필기되고 있는 모습으
로서, 가볍게 펜을 쥐기만 해도 자동적으로
독특한 심령의 필적이 나타난다.

▼ 카메라가 포착한 영광(靈光)
1977년 6월 영국 에섹스에 있는 S.C.니미씨
의 집안에서 부인이 찍은 스냅사진에 괴상
한 빛깔이 나타나 있다. 촬영시 그녀는 오싹
하는 느낌을 받았다고 한다.

▼ 인디언 성지에 나타난 영광(靈光)。
미국 저지어주의 체스터·하슈씨가 어떤
인디언 성지를 방문했을때 촬영한 것으로
둥근 광채가 나타나 있다. 이 사진을 영시한
영매자들은 보석을 감추고 있는 영적인
빛이라고 주장하고 있다.

▲눈물방울이 떨어지고 있는 마리아
상(像)
경건하게 기도하고 있는 교회의 신도들
앞에 돌연 마리아상 눈에서 콩알만한
눈물이 흐르기 시작했다. 이 마리아상
은 1984년 미국 뉴욕 브루크린 교회
안에서 촬영된 것이다. 목격자에 의하
면 햇빛이 마리아상 눈을 비치면서
즉시 폭포수와 같은 눈물이 흘러내렸고
1시간 동안에 2컵 정도가 나왔다고
한다.

◀피를 흘리고 있는 마리아
1974년 이태리의 테레사·뮤소고라고
하는 여성의 집에 장식되어 있는 성모
마리아의 사진에서 돌연 피눈물이 흘렀
다.

▲ 한 도시에서 촬영된 불의 구슬.
1986년 3월 일본의 한 도시에서 오렌지
색 불의 구슬이 연속 촬영되었다. 이구
슬은 지붕 위에 나타나 있고 기와가
이 구슬에 의해 오렌지 색으로 빛나고
있다.

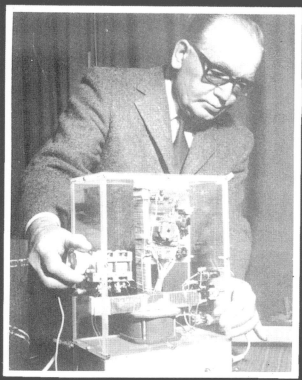

◀ 콘스탄틴 라디베와 각도계(角度計)
이 기계는 죽은 사람으로부터 보내오는 목소리를 수신 녹음하는 장치로서 심령의 소리에 흥미를 갖인 전자공학 기사가 특별히 제작한 것이다.

▶ 한스 벤타박사
그는 유르겐손씨가 녹음한 심령의 목소리를 과학적으로 조사 확인하고 있다.

▲ 로마법왕 바오로 6세의 훈장수여
바티칸에서 심령의 목소리 녹음에 성공한 유르겐손씨에게 법왕이 영예의 훈장을 수여하고 있는 모습이다.

신비주의자 스웨덴보그의 불멸의 책—사후 250주년 기념출판!

이 수기는

나는 과거 20여년에 걸쳐서 육체는
이 세상에 두어둔 채
영이 되어 인간이 죽은 후의 세계,
즉 영혼의 세계를 수없이 출입해 왔다.
그리고 그곳에서 많은 영들과 어울려
수많은 일들을 보고 들었다.
내가 지금부터 여기에 기술하는 것은
나 스스로 견문하고
체험한 것의 전부다.

— 스웨덴보그

나는 영계를 보고 왔다

스웨덴보그 저 | 하재기 역

서음미디어

이 책을 읽기 전에

　이 책은 18세기 학문적 거인(巨人)이며 불가사의한 인물이라 불리어지던 엠마뉴엘 스웨덴보그(Emanuel Swedenborg)의 저서로서, 세계 최대의 기서(奇書)의 하나로 손꼽히는 「사자(死者)의 서(書)」를 알기 쉽게 초역한 것이다.

　이제 유럽이나 미국에서 새로이 한창 논의의 대상이 되고 있는 스웨덴보그란 인물과 이 책의 성립과정, 그리고 그 밖에 대해 소개해 두기로 한다.

　스웨덴보그는 서구 역사상 가장 거대하고 가장 불가사의한 인물이라고 해도 과언이 아니다. 유럽의 백과사전 등에서는 과학자, 수학자, 발명가, 철학자, 신비사상가 등으로 간단하게 분류되어 소개되고 있지만, 그렇게 간단하게 정체가 파악될 수 있는 평범한 인물은 아닌 듯 하며, 실제로 평범한 우리들에게는 좀처럼 그의 정체를 파악할 수 없는 거대한 인물인 것이다.

　그에게 아직도 지대한 관심을 가지고 있는 유럽이나 미국 사람들도 이것은 마찬가지인 듯 하며 결국은 앞에서 언급한 바와 같이 그는 거대한 인물이며, 불가사의한 인물로 여겨지고 있는 모양이다. 그것은 그렇다 치고, 스웨덴보그의 인물과 업적에 관하여 소개하면 다음과 같다.

스웨덴보그는 1688년 스웨덴 스톡홀름의 독실한 기독교도 집안에서 태어났다. 그는 어릴 때부터 신비적인 경향을 지니고 있었는데 열 살 이전에 이미 교회의 목사들과 신에 대해서 이야기하기를 좋아했고, 또한 그 언행에는 사람들을 놀라게 하는 일이 많았고, 사람들은 신(神)이나 천인(天人)이 이 소년의 입을 빌어서 말을 한다는 소문이 퍼졌었다고 한다.

하지만 우프사라 대학을 졸업한 후에는 스웨덴광산국의 기사로 근무했고, 런던에 가서 5년 동안 물리학자인 뉴우튼, 천문학자인 할레, 수학자인 라일 등에 관하여 연구를 했다. 귀국 후에는 스웨덴 왕립광산대학 부교장으로 재직하였고, 동시에 야금학(冶金學)의 권위자가 되었다. 또한 1719년 귀족 칭호를 받은 후 부터는 귀족원 위원과 정치가로서도 활약했다.

이 동안에 천문학의 성운설(星雲說)을 처음으로 발표했고, 그 뒤 인체생리학의 연구로 성격의 상위(相違)를 발견하려고 몰두했으며, 두뇌·감각·피부·혀·혈액 등에 관한 해부학적, 생리학적인 수많은 논문을 발표했다.

그의 학문상의 업적이 얼마나 넓고 거대했는가는 다음 한 가지만 보아도 충분할 것이다.

스웨덴보그는 1772년 런던에 머물고 있다가 세상을 떠났는데 그의 사후 140년이 지난 1908년에 그의 모국인 스웨덴학사원은 국왕에게 청원하여 특별히 군함을 파견하여 런던 교외에 매장되어 있던 이 거인의 유해를 인수하러 가는 사상 그 유례를 찾아볼 수 없는 거사(巨事)를 행하기도 했다.

　그의 학문상의 업적은 그 당시의 시대를 훨씬 초월한 것이었고, 20세기에 들어와서야　겨우 그 가치가 높이 평가되고 이해되었기 때문이었다.

　또한 1910년 런던에서 개최된 국제스웨덴보그회의에는 전 세계의 학자, 종교가 등 4백여 명이 참석하여 각각 20개 분야로 나누어서 그의 업적을 20세기의 학문 수준에서 토의, 검토하기도 했다. 이것은 그의 학문상의 업적의 지대함을 보여주는 것으로서 그 중에는 현대의 수준에서도 높이 평가해야 할 것도 결코 적지 않았다.

　여기서 그의 업적을 일일이 나열할 수는 없지만 발명가로서의 그는 제염기, 피아놀라, 잠수함, 비행기까지 발명했었다. 실로 그의 거장(巨匠)으로서의 모습은 르네상스기의 거인이라는 레오나르도 다빈치를 능가할 정도였다. 그런데도 그가 다빈치 만큼 알려져 있지 않은 것은 다빈치가 그림이라는 사람들의 눈에 잘 띄는 것을 남겨 놓은 데 반해서, 그는 그 시대인이 이해하지 못할 너무나도 수준 높은 서적만 방대하게 남겨 놓았기 때문이라 할 수 있다. 그리고 그가 동시대인에게 끼친 영향은 지대하여 온 유럽에 미쳤는데, 그중 특히 유명한 것은 독일의 철학자인 칸트의「순수이성비판」이나 괴테의 유명한「파우스트」는 만약 스웨덴보그가 없었더라면 태어나지 못했을 것이라고 한다.「파우스트」의 주인공인 파우스트는 스웨덴보그를 모델로 했다고 할 수 있을 정도로 비슷하다.

스웨덴보그가 '위대한 인물'일 뿐만 아니라 '불가사의한 인물'로 불리어지는 것은 그의 후반생의 생활과 방대한 '영계저술(靈界著述)'의 불가사의함에 의한 것이다.

그는 84세까지 살았지만 그 후반생의 약 30년간은 모든 학문을 팽개치고 그가 말하는 하늘의 계시에 따른 '영적 생애'를 보내는데 바쳤고, 또 영의 세계와 교신하는 영매자로서 온 유럽에 큰 화제를 던지기도 했다.

그의 교령능력(交靈能力)이나 천리안 능력은 보통 사람에게는 좀처럼 이해하기 힘들었다. 또한 그의 불가사의한 능력에 대해서는 근엄하고 두뇌가 명석하기로 유명한 독일의 철학자 칸트가 저술한 「영계 예언자의 꿈」이 그것을 보증했을 정도이므로 우리들도 의심할 여지가 없을 것이다.

더구나 칸트는 스웨덴보그의 불가사의한 능력에 대하여 인류역사상 이런 인물은 다시 없었을 것이고, 앞으로도 없을 것이라고 말하기도 했을 정도로 높이 평가했다.

스웨덴보그는 젊은 시절부터 초자연현상을 연구했었는데, 그의 말에 의하면 56~57세 되던 해에 3번이나 예수의 모습을 보고 그 다음부터 천리안의 능력을 발휘하게 되었고, 영들과의 대화를 나눌 수 있게 되었다고 한다.

특히 세 번째로 예수를 본 이후에는 예수의 말씀에 따라 일체의 다른 일을 그만두고 초자연현상에 관한 저술에만 몰두했다.

그의 저술은 모두 영의 계시에 의해 놀랄 만큼 빠른 속도로 쓰여진 것이어서 인간이 한 행위라고는 생각할 수 없을 만큼 방대한 분량이었다. 그 대부분은 런던의 대영박물관에 지금도 귀중하게 보존되어 있다.

그의 영계에 관한 저술이 타의 추종을 불허하는 특징은 그가 '모두 나 자신이 직접 영계에 들어가서 견문하거나 또는 영들과 사귀어서 알게 된 지식을 바탕으로 하고 있다'고 공언하고 있는 점이다.

이 보통사람들은 좀처럼 믿을 수 없는 것을 근거로 하고 있기 때문에 기서(奇書)로 취급되지만, 단지 믿기 어려운 기서라는 점만으로 오늘날까지 관심의 대상이 되는 것은 아닐 것이다.

그 비밀은 역시 보통 사람에게는 믿기 어려운 것을 바탕으로 출발점을 삼은 저술이지만, 그 내용은 읽는 사람으로 하여금 사실인 것 같다는 인상을 충분히 주기 때문인 것이다.

그의 영계 저술에 관해서는 영국의 시인 엘리자베드 브라우닝(1806~1861)이나 일본의 선학자 스스끼를 비롯하여 여러 사람들의 호의적인 비평이 많이 있으며, 브라우닝은 '영계에 관한 것을 분명하게 밝힌 저술은 스웨덴보그 이외에는 없고, 또 믿을 수 있는 것도 그의 저술뿐이다'라고 말하고 있다.

또한 근래 센세이션을 일으킨바 있는 「오컬트」의 저자 콜린 월슨도 스웨덴보그의 저술에서 받는 신빙성을 높이 평가하고 있으며, 동시에 그의 위대성을 인정하고 있다.

또한 외국에서는 그가 세상을 떠난 지 2백 년이 지난 오늘날에도 영국 스웨덴보그협회 등이 존재하고 있다는 것도 그의 저서와 인물의 위대성과 신비성을 말해주는 것이라고 할 수 있을 것이다.

다음에 드는 몇 가지 에피소우드는 그의 영능(靈能)을 나타낸 것으로 유명하다. 그것은 그가 71세 되던 때의 일로서 영국에서 모국 스웨덴으로 돌아오는 도중에 스톡홀름에서 직선거리로 420킬로나 떨어진 항구도시 고텐버어그에 내려 친구의 집 만찬회에 초대받았을 때의 일이다.

마침 그때 스톡홀름의 대화재를 천리안으로 생생하게 보게 된 그는 이 사실을 모인 사람들에게 말해 주었고, 다음날 아침에는 그 고장의 총독에게 그 광경을 자세히 알려 주었는데 실제로 그 같은 사고가 발생함으로써 그는 단번에 유명해졌다.

그 다음 해의 일이었다. 스톡홀름 주재 네덜란드 대사가 죽은 뒤 대사 부인은 귀금속 상인으로부터 금 그릇의 대금 지불을 청구 받았다. 부인은 대사로부터 얼마 전에 지불했다는 이야기를 들은 적이 있는데 영수증이 눈에 띄지 않으므로 스웨덴보그를 찾아와 의논을 했다.

그로부터 4일째가 되던 날 스웨덴보그는 대사 부인 집을 찾아가 2층의 한 방안 책상서랍 뒤에 특별히 만들어진 대사만이 알고 있었다는 비밀장소에 영수증이 보관되어 있음을 알려 주었는데 그가 말한 위치에서 영수증을 찾아내게 되어 귀금속 상인의 이중횡령을 막기도 했다.

또한 그는 전부터 자기는 1772년 3월 29일에 영계에 들어간다고 사람들에게 예언했었는데 바로 그날 84세로 영계로 떠났다.

역 자

저자의 말

나는 과거 20여 년 간에 걸쳐서 육체를 이 세상에 두어 둔채 영(靈)이 되어 인간이 죽은 후의 세계, 즉 영혼의 세계를 출입해 왔다. 그리고 그곳에서 많은 영들과 어울려 수많은 일을 보고 들었다.

내가 지금부터 여기에 기술하는 것은 나 자신 인간이 죽은 후의 세계인 영의 세계에서 나 스스로 견문하고 체험한 것의 전부이다.

내가 겪은 것과 같은 인류에게는 드문 체험을 대부분의 사람들은 믿으려 하지 않을 것이다. 그러나 나는 이 일에 대해서 깊이 설명하지는 않겠다. 왜냐하면 사람들이 이 수기를 읽게 되면 여기에 쓰인 것 전부가 진실임을 믿지 않을 수 없게 되리라는 것을 나는 확신을 갖고 믿기 때문이다. 그리고 사람들은 영혼이 존재하고 우리가 살고 있는 이 세상의 자연계와는 별개의 영계(靈界)라고 하는 또 하나의 세계가 존재한다는 것을 알게 될 것이다.

―내가 어떻게 하여 영(靈)의 세계, 즉 인간의 사후세계에 들어가서 영들과 마치 이 세상에서 살고 있는 사람들과 교제하듯이 교제해 왔는가? 영의 세계에서 어떠한 것들을 보고 들었으며, 영의 세계와 이 세상 사이에는 어떤 관계가 있는가를 어떻게 알게 되었는가?

—이러한 모든 일에 대해서 차례차례 쓰기로 하겠다.

내가 영의 세계에서 보고 듣고 한 것은 수없이 많다. 그러므로 이수기는 아주 방대한 것이 될 것이다. 그 방대함을 생각할 때 나의 이 세상에 있어서 남아 있는 시간은 너무나도 짧다.

그 이유는 나는 내년 3월 29일에는 이 세상을 버리고 영의 세계로 두 번 다시 돌아오지 않는 마지막 길을 떠나지 않으면 안 되게 되어 있기 때문이다. 따라서 떠나기 전 나는 이 세상에서의 마지막 작업을 재촉하고저 한다.

【주】 이 수기를 쓴 스웨덴보그는 죽음의 날(1772년 3월 29일)을 예고한 편지를 친구인 웨슬리목사에게 보냈는데, 그는 죽음을 예고한 그 날에 정확히 영계로 떠났다. 그의 말을 빌리면 '현세에 있어서의 일을 끝마친 육체'를 버리고 영계에로 '거처를 옮겼다'. 라고 말하고 있다.
또한 이 편지에는 또 다른 놀라운 일이 쓰여 있어 그가 죽은 후 당시의 온 유럽을 놀라게 했는데 그것에 대해서는 본문을 참조해 주기 바란다.

나는 영계를 보고 왔다 | 차례

제3장 영계(靈界)와 인간과의 관계

제1장
사자(死者)가 영계(靈界)에 가기까지

1. 영계와 이 세상은 동전의 앞뒤와 같다

나는 인류사에서 그 유례가 없는 수기(手記)를 쓰기 시작하기에 앞서 사람들의 주변에 흔히 있는 이야기를 두 가지 정도 제시하려고 한다.

기가르트 —이것이 첫번째 이야기에 나오는 사나이의 이름인데 기가르트는 17XX년의 어느 날 암스테르담의 시장 안에서 몹시 바쁘게 일하고 있었다. 그는 시장에서 일하는 중개인이었는데 시장의 눈코 뜰새없이 바쁜 것이나 시끄러운 광경쯤은 그에게 있어서는 당연한 일이었다.

그는 시장 안에서 큰 소리로 외치며 손짓으로 장터 특유의 신호를 보내어 다른 중개인들과 장사에 열중하고 있었다. 중개인들이 삥 둘러 서 있었는데, 그와 바로 정면에 위치하고 있는 한 중개인이 올린 손짓에 그도 손짓으로 응답하려고 했을 바로 그때였다. 상대방 중개인의 손은 물론 시장 전체의 소음도 그의 귀에 들리지 않게 되어 버렸다.

그의 놀라움은 어떠했겠는가? 그러나 그 놀라움조차도 이윽고 그가 본 광경에 비한다면 아무 것도 아니었다. 시장 전체가 사라져 버린 그의 시야에는 다음과 같은 광경이 비쳤다고 그는 말하고 있다.

"그렇습죠. 그것은 새빨간 색깔이었습니다. 그것이 내 눈 앞에 가득히 퍼져 온 것입니다. 그리고 그 다음에 그 새빨간 놈이……"

그는 정말 분통이 터져 못견디겠다는 듯 눈물을 흘리며 흐느끼면서 다음 말을 잇지 못했다.

기가르트는 저쪽에 새빨간 바다와 같은 것이 펼쳐지고 있는 것이 보이기 시작했다고 생각했다. 그리고 이윽고 그 바다에는 지금 막 바닷물 속으로 가라앉으려고 하는 난파선의 모습이 보이고, 그 배에는 몇만 명이나 되는 수많은 사람들이 달라붙어 마지막 안간힘을 다해 버둥거리고 있는 것이 보였다.

"이상하기 짝이 없는 것은 바로 그 점입니다. 몇 만이라고 하는 많은 사람들이 한결같이 얼굴이 없는 듯 하여 나는 그들이 어떤 얼굴이었는지 조금도 기억에 없습니다. 다만 우리 집 자식 놈, 아직 일곱 살짜리입니다만, 이 놈의 얼굴만은 뚜렷이 보였죠. 그리고 그 얼굴은 슬픈 듯이 나를 바라보면서 구원을 호소하고 있었습니다."

기가르트의 장남이 바닷물에 익사한 것은 그가 시장에서 이 환영(幻影) ―나에게는 이것은 결코 환영 같은 것이 아니지만, 지금은 일반인들의 생각을 쫓아 이렇게 말해 둔다 ―을 본 것과 꼭 같은 시간이었다.

그러면 또 하나의 이야기를 하기로 하자. 이 이야기는 영국의 한 농촌에서 한 10년쯤 전에 있었던 사건이다.

아직도 새파란 한 젊은이가 죽었다. 부모는 물론 마을 사람들도 아직도 젊은 나이로 저승에 간 것을 불쌍하게 여겼다. 그 젊은이의 시체는 이틀 후에 마을 묘지에 묻혔다. 그런데 그로부터 3일이 지난 후 그 젊은이의 어머니는 남편과 마을 사람들에게 놀라운 사실을 미친 듯이 외쳤다.

"내 아들은 살아 있다! 지금 내 아들은 되살아나려고 하고 있다. 빨리 무덤을 파서 구해 주지 않으면 안 된다."

남편이나 마을 사람들도 아들의 죽음을 슬퍼한 나머지 어머니가 미친 것이라고 생각했는데, 그래도 어머니의 마음을 진정시키고 위로해 주기 위해서 무덤을 파기로 했다. 그러나 무덤을 파헤쳤을 때 사람들은 너무나도 놀라 몸을 떨지 않을 수 없었다.

사람들이 무덤 그 밑바닥에서 본 것은 그 어머니가 말한 대로 지금 막 되살아나고 있는 젊은이의 모습이었다. 그 젊은이의 모습에는 살아 있는 인간의 의식이 있다고는 생각되지 않았다. 그러나 그 죽음의 수렁 어둠 속에서 그가 서서히 소생하고 있다는 것은 누구의 눈에도 그 젊은이의 얼굴에 감도는 희미한 생각만으로 분명했다.

이야기를 들은 사람들이 가장 기이하게 생각하는 것은 틀림없이 다음과 같은 점일 것이다.

—그 부인은 어떻게 해서 자기 아들이 되살아나고 있다는 사실을 알게 되었을까? —

지금 내가 기록한 두 가지 이야기는 흔히 있는 예이므로 사람들도 이런 종류의 이야기 한 둘 쯤은 자기 자신이 틀림없이 경험했을 것이다. 그러나 이런 이야기들이 갖고 있는 참다운 뜻을 이해하고 있는 사람은 내가 알고 있는 한 아직 인류의 역사상 한 사람도 없다고 나는 잘라 말할 수 있다.

지금 내가 든 예는 어느 것이나 인간이 죽은 후에 가는 세계와 이 세상이라고 하는 두 세계가 접촉하는 경계선 위에서 일어난 사건이란 것이다. 나는 이러한 사건들이 갖는 참다운 뜻을 설명함과 동시에 내가 어떻게 해서 영(靈)의 세계, 사후(死後)의 세계에 자유롭게 출입해 왔는가 라고 하는 사람들의 의문에 답하기로 하겠다.

기가르트가 어떻게 해서 새빨간 바다와 난파선에 매어달려서 그의 구조를 애원하는 아들의 모습을 갑자기 보게 되었을까?

영국의 한 촌락에 사는 어머니는 어떤 방법으로 죽음의 수렁에서 아들이 소생하고 있다는 것을 알게 되었을까? 이 의문에 대답을 하기 전에 조금 길을 돌아가기로 하겠다.

아직 영계. 죽은 후의 일에 대해서 어두운 사람들에게는 잘 이해가 되지 않을지도 모르겠으나 영계에서는 영들이 상념(想念)의 교류라고 하는 것을 자유자재로 행하고 있다.

상념의 교류라고 하는 것은 어떤 영이 다른 영에 대해서 자기가 생각하고 있는 일, 느끼고 있는 것 등을 알리는 것을 말한다. 그리고 이것은 두 영이 아무리 멀리 떨어져 있다 하더라도, 또 벽이나 칸막이가 있건 없건 간에 그런 것에는 아무런 장애도 받지 않고 행해지고 있다. 그러나 다만 이것은 물론 영과 영계끼리가 아니면 안된다. 영과 육체를 갖고 있는 사람과의 사이에서는 도저히 이루어질 수 없는 일이다.

그렇다면 사람들에게 드문 일이지만 영이나 영계의 존재를 엿볼 수 있게 하는, 죽음의 통지를 받은 기가르트나 영국의 한 마을의 어머니의 경우는 무엇일까?

이 같은 의문에 대해서는 나는 다음과 같이 대답하리라.

"기가르트나 영국의 한 마을의 어머니의 경우, 그리고 또 사람들이 죽음의 통지를 받을 경우는 모두 다 그 죽어가고 있는 사자(死者)의 영이 상대방 인간에게 상념의 교류에 의해서 알려주는 것이다. 라고"

여기에서 사람들에게는 큰 의문이 남게 된다. 그것은 영끼리의 사이에서만 이루어지는 상념의 교류가 어떻게 해서 영과 인간 사이에서 행해질 수 있단 말인가? 라고 하는 것이리라. 이 의문에 대해서 나는 이렇게 대답하겠다.

"기가르트나 영국의 한 마을의 부인은 사실은 죽어 있었던 것이다. 죽어서 잠시 영이 되어 있었던 것이다."

기가르트나 영국의 한 마을의 부인도 사실을 말하자면 육체를 갖고 있는 인간이 아니라 잠시 죽어서 영이 되어 있었던 것이다. 적어도 기가르트가 난파선에 매달린 아들의 모습을 보았거나, 부인이 아들이 되살아나는 것을 안 순간에는 이 두 사람은 모두 다 죽어서 영이 되어 있었기에 같은 영인 아들의 영으로부터의 연락을 받을 수가 있었던 것이다.

아들의 영은 가장 친숙한 영인 기가르트나 어머니의 육체에 살고 있는 영에 대해서 상념의 교류를 원하여, 기가르트나 부인은 그 순간 영혼의 세계에 들어감으로써 육체를 가진 인간으로서 순간적인 죽음을 경험했던 것이다.

　나는 좀 더 다른 것을 기술하고 나서 나의 '죽음의 기술'과 '죽는 기술'에 대해서 설명하겠다.

　—어쩐지 등 뒤에 사람의 기척을 느꼈다. 무엇인지 모르지만 나를 지켜보는 눈이 있는 것 같아서 뒤를 돌아다보았으나 아무 것도 없었다. 다만 그 부분의 공간에 평소에 보던 공간과는 다른 무엇인가가 있는 것같이 느껴져서 잠시 그 공간을 눈여겨 바라보았다.

　이런 경험은 누구에게나 틀림없이 있었을 것이다. 이 경험은 너무나도 희미한 것이기 때문에 사람들의 주의나 공포감을 불러일으키는 일은 없으나 이것은 당신의 배후에 영계나 영이, 즉 죽은 후의 세계가 암흑처럼 흔적도 없이 다가서는 모습을 엿보이는 순간인 것이다. 그리고 이것을 느낀 그 순간에 당신도 기가르트나 앞에서 말한 부인과 같이 순간적으로 죽어서 영계의 문 안을 잠시 엿본 것이다.

　영계가 이 지상의 하늘 위를 날아다니는 새의 그림자처럼 한 순간 잠간 드리우는 그림자는 너무나도 없다. 그러나 그림자가 아무리 엷다 하더라도 그곳에 하늘을 나는 새가 실재하고 있듯이 영계는 이 세상의 배후에 빈틈없이 붙어서 실재하고 있는 것이다. 영계(靈界)와 현세(現世)는 도저히 떼어 낼 수 없이 되어 있는 동전의 앞뒤와 같은 것이다.

나는 자신의 육체를 자기 의지로서 죽음의 상태에 이르게 함으로써 영의 세계로 들어가 영계의 영들에 관한 일들을 알았다. 마치 기가르트나 영국의 한 부인이 겪은 한 순간처럼. 나는 이 일을 지금은 '죽음의 기술', '죽는 기술'이라고만 말해 두겠다. 나의 '죽음의 기술,' 죽은 상태'가 어떤 것인가는 이 수기를 읽어 나가면 모든 사람들에게도 차차 알 수 있게 되리라고 믿는다.

2. 죽음의 기술

　나는 여기에서 내가 어떻게 해서 영계에 들어갈 수 있게 되었는가를 말하려 하는데, 이 말을 하기 전에 내가 영의 세계로 인도를 받게 된 최초의 인연이 된 이상스러운 경험에 대해서 조금 기록해 두기로 하겠다.

　잊을 수 없는 20여 년 전 여름의 어느 날 저녁 때의 일이었다. 그 무렵에 나는 어떤 일이 있어 고국인 스웨덴을 떠나 바다 건너 이국인 영국의 여관에서 초로(初老)에 접어든 몸으로 홀로 쓸쓸히 지내고 있었다.

　그날 저녁에 나는 거리로 나가서 언제나 들리는 식당에서 저녁밥을 먹고 있었다. 그때 그 식당에는 다른 손님이라곤 없었고 나 혼자뿐이었다.

　식사를 마친 나는 오늘 저녁밥을 좀 과식했구나 하고 생각하면서 포오크를 탁자 위에 놓고 몸을 편안히 의자에 기대었다. 이상스러운 경험은 바로 이때에 겪게 된 것이었다.

　갑자기 땅에서 솟아 오른 것처럼 내가 식사를 하고 있었던 방바닥에 뱀과 두꺼비 등 기분 나쁜 생물들이 가득히 나타났다.

나는 정신을 잃을 정도로 놀랐다. 그러나 잠시 후에 이 기분 나쁜 생물들의 모습은 사라져 버리고 그곳에 그때까지 한번도 느껴 본 적이 없는 이상한 분위기를 자아내게 하는 인물이 나타났다.

그는 나에게 이렇게 말했다.

"그대는 지나치게 과식하지 말라."

그 인물은 나에게 이 말만을 하고선 나의 시야로부터 씻은 듯이 사라져 버리고 , 그 뒤에는 구름과 아지랑이도 걷히고 나는 그 전과 같이 방 안에 혼자 있는 나 자신을 발견하게 되었다.

나는 급히 숙소로 달려들어 갔다. 그러나 하숙집 주인에게는 아무 이야기도 하지를 않고, 내 방에 틀어박혀서 지금 막 겪은 기괴한 경험에 대해서 생각했다.

나는 몸이나 마음의 피로에서 온 어떤 이상 때문인가 하고도 생각해 보았으나 그런 일 때문이 아니라는 것은 누구보다도 나 자신이 잘 알고 있는 터였다. 그러나 건강하고 현실의 일이 무척 바빴던 그 무렵의 나는 그 일에 대해서 그다지 깊이 생각하지 않았고, 그 일 때문에 고민하는 일이 없이 곧 잠이 들었다. 다음날 밤에 더욱 놀라운 일이 일어나리라고는 생각하지도 못한 채……

다음 날 밤, 그 이상스러운 인물은 또 다시 이번에는 내가 막 잠자리에 들어가려고 할 때에 침대 곁에 나타난 것이다. 나의 놀라움과 두려움이 어느 정도였겠는가 하는 것은 말하는 것 조차도 어리석은 일이다.

경악과 공포로 떨고 있는 나에게 그는 다음과 같이 더욱 놀라운 일을 말해 주었다.

"나는 너를 인간이 죽은 후에 가는 세계인 영(靈)의 세계로 데리고 가겠다. 너는 그곳에서 영들과 어울리고 그 세계에서 보고 들은 바를 겪은 그대로 기록하여 세상 사람들에게 전하라."

이 불가사의한 인물은 그 후에 이 세상에서는 물론 영계나 사후의 세계에서 단 한 번도 다시 만난 일이 없었다. 지금의 나는 그것이 이 세상 사람들이 흔히들 말하는 바로 신(神)이었는지, 그렇지 않으면 나 자신이 알아차리지 못한 나의 마음속의 영(靈)이었을까 하고도 생각해 보았지만 그것은 확실히 알 수가 없다. 다만 확실히 알 수 있는 것은 내가 이것을 인연으로 해서 인간이 죽은 뒤의 세계인 영의 세계에 출입하게 되었다는 사실이다. 그리고 지금 이렇게 인류의 역사에는 그 예가 없는 이와 같은 수기를 써서 남기게 되었다는 사실뿐이다.

나는 '죽음의 기술'을 나의 육체에 베풀고, 육체를 '죽음의 상태'에 놓음으로써 인간의 사후의 세계에 들어갔다고 말했다.

나는 이제부터 그것이 어떤 것이었는가 하는 것을 기술하기로 하겠다.

죽음의 통지를 받았을 때 사람들은 설사 짧은 시간이라고 할지라도 영의 존재나 영계의 존재에 대해서 눈을 뜨게 된다. 이러한 사실은 인간은 본래 육체만으로 되어 있는 것이 아니라 육체보다도 더욱 깊고 더욱 본질적인 영과 영의 껍데기로서 작용하는 육체와의 두 부분으로 이루어져 있음을 나타낸다.

이것은 앞에서 내가 기록한 몇 가지 예로 미루어 보아도 누구나

다 쉽게 알 수 있는 일이다. 그러나 육체에 있을 때의 영혼은 육체가 갖는 속박에 의해서 묶여 있기 때문에 영의 가장 영혼다운 성질이나 작용을 충분히 나타내지 못하고 있다. 그리고 영혼으로서 원래의 진면목을 나타내 보일 수 있는 것은 극히 한정된 경우뿐이다.

앞에서 예를 들었던 기가르트나 영국의 한 촌락의 부인과 같은 '죽음과 경계를 접한' 때가 바로 이런 경우이다. 그래도 이런 때에 사람들은 끊임없이 순간적일망정 '죽음의 상태'에 들어가 사람들의 영을 육체의 속박으로부터 벗어나게 하여 영계의 문 안쪽을 들여다보게 되는 것이다.

내가 영계에 들어가서 영혼들과 교제할 수 있었던 것은 자신의 의지로 나의 영을 나 자신의 육체로부터 이탈시켜서 이루어진 것이었다.

나는 영들과 육체를 갖고 있는 인간으로서 교제한 것은 아니다. 육체를 갖지 않은 하나의 영혼으로서 교제한 것이다. 그러나 그와 동시에 그때에도 역시 나는 육체를 갖고 있는 인간임에는 틀림없었다.

그렇지만 인간에게 영혼이 보이지 않는 것처럼 영들에게도 인간의 육체가 보이지 않는다. 그러므로 그들은 영으로서의 나만을 보았고, 나는 영으로서만 그들을 대했던 것이다. 그러면 육체와 영을 분리해서 영계에 들어간다고 하는 것은 어떻게 함으로써 되는 일일까.

나는 이에 대해서는 나 자신의 경험을 그대로 전하는 것으로서 대답을 삼겠다.

영이 육체로부터 이탈하는 초기에는 나는 반드시 자고 있는 것도 아니고, 그렇다고 완전히 깨어 있는 것도 아닌 특별한 감각 속에 있는 자신을 자각하게 된다. 그런데도 이 순간에 나는 자신으로서는 내가 충분히 각성하고 있다고 하는 의식이 생생하다.

그런데 여기에서 주의하지 않으면 안 될 일은 이 각성은 육체를 지니고 있는 보통 인간으로서의 각성이 아니라 영혼으로서 영혼의 감각에 있어서의 각성이라고 하는 것이다. 그러니까 보통의 귀, 눈, 코 등 외부적이고 육체적인 감각은 모두 잠들어 그 기능을 완전히 상실해서 없어져 버린 것이나 마찬가지라고 생각해도 좋을 것이다. 이것들은 모두 다 육체를 지닌 인간으로서 갖고 있던 감각이기 때문이다. 그러나 앞에서 말한 영혼으로서의 감각은 더욱 더 각성되어 뚜렷해진다.

영혼으로서의 의식 속에서의 시각, 청각, 그리고 촉각에 이르러서는 인간으로 느낄 때의 50배 아니 백배나 더 날카로워진 것을 자신도 확실히 알게 된다. 그러나 몇번씩 되풀이 하는 말이지만, 이들 감각은 모두가 육체적인 감각의 각성이 아님은 지금 말한대로이다.

이런 때 누군가 다른 사람이 나를 본다면 나는 인간으로서의 모든 의식을 잃어서 죽었다고 밖에는 보지 않을 것이다. 또 심장의 고동이나 맥박도 완전히 멈추고 있음에 틀림없다.

이런 상태를 가리켜 나는 '죽음의 상태'라고 말하고 싶다. 혹은 같은 말이 되겠지만 다음에 말하는 이유에서 '영혼의 상태'라고 해도 좋으리라고 생각한다.

죽음의 상태, 영의 상태가 되면 나에게는 자기 자신의 영이 자기 육체 안에 있다고도, 혹은 밖으로 나가 있다고도 할 수 없는 어느 쪽도 아닌 상태에 있는 것 같은 느낌이 든다. 이것은 영과 나 사이에 육체라고 하는 장애물이 없어지고 내가 직접 영들과 어울릴 수 있게 되었다는 증거이다.

이 상태가 좀 더 진행되면 나는 영계 안을 자유스럽게 왕래하고, 또 인간들과 어울리는 것과 꼭 같이 다른 영들과 어울릴 수 있게 되는데 그렇게 되기까지에는 또 하나의 단계가 있다.

육체를 이탈한 후 육체와의 거리가 아직 그다지 멀리 떨어져 있지 않은 단계에서는 나의 영은 지금 막 이탈해 온 자기 자신의 육체를 확실히 볼 수 있으며, 어느 정도 육체에 대한 지배력을 지속하고 있다. 그 모양을 기술해 보면 다음과 같다.

나의 영혼은 육체를 이탈해서 20~30미터 정도의 나지막한 하늘에 떠 있었다. 아래를 내려다보니 나의 육체가 침대에 누워 있는 것이 보였다.

내가 육체적인 시각이 아니라 영의 시각으로 보고 있다는 사실은 이것만으로도 알 수 있을 것이다.(육체적인 시각이라면 지붕 밑에 있는 나의 육체나 침대를 볼 수 없을 것이기 때문이다)

나의 육체는 그때 침대 끝에 목 줄기를 걸치고 있었다. 영으로서의 나는 하늘에 있으면서 생각했다.

"저런 상태로 있으면 목이 고통스러울 것이다. 혹시 질식할지도 모른다. 몸을 침대 안으로 당기지 않으면 안 되겠군."

나의 영이 그렇게 생각하자, 나의 육체는 몸을 당겨서 목 줄기를 침대 끝에서 떼었다. 이때 나의 육체는 누구의 눈에도 죽어 있는 시체로 밖에는 보이지 않았을 것이다. 그러므로 누군가 사람이 있어서 이 죽어 있는 것으로 밖에 보이지 않는 육체가 움직이는 것을 보았다고 한다면 그 사람은 심장이 얼어붙는 것 같았으리라.

이 상태로 부터 좀 더 진행하여 나의 영이 나의 육체를 거의 의식하지 않게 되면 나의 영은 완전히 육체로부터 이탈하여 영계의 이곳저곳을 자유롭게 출입하고 많은 영들과 자유스럽게 어울릴 수 있게 된다.

내가 살아 있으면서 영계에 들어가서 영들과 교제를 하고 영계에서 여러 가지 일을 보고 듣고 온 것은 이런 방법에 의해서였다.

【주】 스웨덴보그가 다른 사람의 출입을 금하고 자기 방에 틀어박혀 며칠씩 밥도 먹지 않은 채 있었던 사실은 유명한 일화로 남아 있다. 런던에 머물고 있는 동안 이런 일에 대해서 하숙집 주인은 이상하게 여긴 것 같으며, 그때의 기록은 지금도 남아 있다. 또 그가 방에서 틀어박힌 채 나오지 않는 기간은 2.~3일에서 10일 정도였다고 한다.

그러면 나는 이제부터 차례차례 영계와 영들의 일에 대해서 기술해 나가기로 하겠다.

3. 죽은 자도 생각하고 있다

　영원한 잠에 들어간 죽은 자, 인간으로서의 모든 활동을 끝내고 조용히 죽음의 자리에 몸을 눕히고 있는 죽은 자, 죽은 사람이란 모든 것을 끝낸 사람인데, 이 죽은 사람도 실은 여러 가지 생각에 잠겨 있다고 말한다면 많은 사람들이 나의 말을 믿어 줄까?

　그는 어디인지도 모르는 곳에서 자기를 부르고 있는 자가 있는 듯한 기척을 느꼈다. 그것이 어디서 부르고 있는 것인지, 왜 부르고 있는지 —그에게 가장 중요한 이 점을 확실히 알 수 없는 것이 그는 몹시 안타까웠다.

　그런데 여전히 그를 부르고 있는 기척이 느껴질 뿐만 아니라 점점 강하게 느껴지게 되었다. 그것은 그의 마음속의 가장 깊은 곳이 어떠한 방향으로 끌려가는 듯한 느낌이었다. 그러나 여전히 어째서인지 이유를 알 수 없었으며, 확실하지가 않았다.

　그가 이 기묘한 기척에 끌려서 온 곳은 어떤 집의 방이었다. 그는 자기 자신조차 어떤 이유인지도 모르고 방문하게 된 그 방안을 둘러보았다. 마음이 안정되지 않았기 때문이다.

방안에는 가족이라고 생각되는 사람들이 10여명 모여 있었다. 그런데 그가 비로소 알게 된 것은 이 사람들의 표정이 한결같이 깊은 슬픔에 빠져 있는 표정이라는 것이었다. 침울한 분위기가 방안 가득히 퍼져 있었다. 누구 하나 입을 열려고 하는 사람도 없었다. 때대로 들리는 것은 사람들의 참아도 참아도 목구멍 속에서 새어 나오는 오열뿐이었다.

자기가 어째서 이곳에 오게 되었는지 그 이유를 전혀 알 수 없는 그는 더욱 더 불안해지기만 했으나 그래도 이 기묘한 '집회'의 사정을 알아보려고 다시 방안을 둘러보았다.

자세히 보니 사람들에게 둘러싸인 한 가운데 침대가 하나 놓여 있고, 그 위에는 한 사람의 인간, 즉 — 죽은 자가 조용히 몸을 눕히고 있었다.

사정을 겨우 이해하게 된 그는 침착하게 다시 한 번 사람들의 얼굴을 차례차례 둘러보았다. 그런데 그가 알 만한 얼굴은 하나도 없었다. 그는 이 때야 겨우 깨달았다.

그는 영으로서 여기에 와 있다는 것이다. 그런 사실을 알아차리게 된 그는 이번에는 새로운 불안에 싸이게 되었다.

그는 사람들이 들을 수 없는 목소리로 혼자 중얼거렸다.

"사람들이 나를 발견하게 되는 것이 아닐까?"

얼마간 시간이 흘러갔다. 그러자 방안을 바람 같은 것이 지나가는 기척을 느꼈다. 그러자 그때 이제까지는 전혀 없었던 한 사람의 그림자 비슷한 것이 희미하게 방 가운데에 떠올라 왔다. 그리고 그 사람의 그림자는 죽은 자가 조용히 누워 있는 침대가에 소리 없이 앉았다.

그는 심장이 멎을 정도로 놀라서 꼼짝도 못하고 그 광경을 지켜보고 있었다. 그런데 그 사람의 그림자가 불시에 들어옴으로써 그에게는 아까부터 마음에 걸려 있었던 한 가지 일에 대해서 웬지 확실히는 그 이유를 알 수는 없지만 무언가 알게 해 주는 것 같은 느낌이 들었다.

그는 이 방에 처음 들어왔을 때부터 무엇인가 가느다란 숨소리와도 같은 희미한 소리를 듣고 있었는데, 그 소리를 들었을 때부터 이상하게 여기고 그 일이 몹시 마음에 걸렸다.

죽은 자의 모습을 확인하게 되었을 때 그는 그 소리가 죽은 자의 가슴 근처에서 난다는 것을 알게 되었으나 그의 의문이 이것으로 해결된 것은 물론 아니었다.

그는 생각했다. 이것은 죽은 자의 숨소리, 죽은 자의 호흡일까? 그러나 그는 자기 스스로 이 어리석은 생각을 부정했다.

"죽은 사람이 숨을 쉴 리가 없다."

그러나 이것은 그의 잘못된 생각이었다. 그것은 그가 처음에 생각한 것처럼 죽은 자의 호흡이었던 것이다.

이상한 사람의 그림자가 방안에 들어왔을 때 그는 번쩍 떠오르는 한 가지 느낌이 머릿속을 스쳤다.

"저것이 죽은 자의 숨 쉬는 소리라고 해도 별로 이상한 일이 아니잖은가?"

이윽고 더 놀라운 사태가 방 안에서 일어났다. 그것은 죽은 자의 몸 안에서 조금 전에 침대가에 앉은 자와 똑같은 사람의 그림자가 벌떡 일어나는 것이 보였기 때문이다. 그리고 다음에는 또 다시 놀라운 광경이 펼쳐졌다.

죽은 자의 몸 안에서 생긴 사람의 그림자와 조금 전에 나타난 사람의 그림자가 서로 얼굴을 맞대고 앉는 것이었다. 그 모양은 두 사람의 그림자가 대화를 나누고 있다고 생각할 수 없는 것이었다.

잇달아 일어난 이 놀라운 사태의 진행을 그는 넋을 잃고 바라보고 있었다. 그러나 생각하면 생각할수록 그의 머릿속은 더욱 혼란해질 뿐이었다. 얼마나 시간이 흘렀는지 그에게는 알 수 없었다. 그

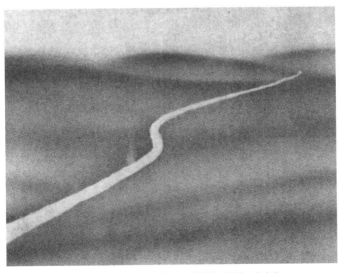

망자(亡者)가 보게 되는 대표적인 풍경―망망한 초원 사이에
한줄기 빛나는 삼도천(三途川)

러나 그는 얼마간 정신이 안정된 것을 자기 스스로 알 수가 있었다. 그는 새삼스럽게 주위를 둘러보았다.

침대가에 있는 사람들은 여전히 슬픔에 잠겨 있었다. 두 그림자의 대화도 계속되고 있는 듯 했다. 그러나 여기에서 그가 비로소 알게 되어 깜짝 놀란 것은 다음과 같은 일이었다.

사람들은 이 두 사람의 그림자의 존재를 전혀 눈치를 채지 못하고 있을 뿐만 아니라 두 그림자 역시 방안에 있는 사람들의 존재를 전혀 알지 못하고 있다 ―는 상식을 초월한 현상이었다. 또다시 시간은 흘러 두 그림자는 사라져 버렸고, 사람들도 죽은 사람을 방에서 밖으로 옮겨 갔다.

세상 사람들의 생각으로는 육체가 죽으면 만사가 끝장이라고 생각하고 있다. 이것은 사람들이 이 세상, 즉 물질계와 자연계의 빛으로서 사물을 보고 느끼고 있는 이상은 그럴 듯한 결론이라고 생각해도 좋다. 그러나 때에 따라서는 자기 자신이 영이 되어 영계로 들어가 영의 세계를 보고 온 나로서는 그러한 생각이 얼마나 잘못되고 어리석은 것인가를 하나하나 사실을 지적해서 제시해 보일 수 있다. 그러나 이런 사실을 지적하기 전에 나는 먼저 인간의 죽음이란 사실상 어떤 것인가에 대해서 조금 설명해 두기로 하겠다.

지금 잠깐 말한 것처럼 인간의 육체적 죽음이 확실히 이 세상 전체의 종말이라는 것은 물질계, 자연계적으로 보면 옳은 일이다. 그러나 죽음을 영의 입장, 영계 쪽에서 본다면 단지 그 육체를 이 세상을 사는 데 있어서 단지 하나의 도구로서 사용해 왔던 영이 육체의 사용을 그만두었거나, 육체를 지배하는 힘을 잃었다고 하는 것에 지나지 않는다. 그리고 영은 그 후에는 영계를 향해서 떠나는 것이다.

죽음이란 영으로서는 단지 새로운 여행길을 떠나는 것에 불과하다. 그러면 지금 든 예에 대해서 좀 더 자세히 설명해 보기로 하겠다.

사람이 죽으면 그 육체에 살고 있었던 영혼은 영계를 향해서 여행길을 떠나게 마련인데, 여행을 떠날 때까지는 보통 이 세상의 시간으로 말해서 2~3일의 틈이 있다. 죽음과 동시에 육체 안에 있던 영으로서 눈을 뜨게 되지만, 이 사실을 알고 영계로 부터는 다른 영(인도하는 역할을 하는 영)이 죽은 사람의 새 영혼이 있는 곳으로 찾아온다.

이 교환에 대해서는 또 다른 데에서 자세히 말하겠지만 이것은 죽은 자의 영이 그 후 영원한 삶을 보내기 위한 중요한 첫 단계의 준비가 되는 것이다.

앞에서 말한 죽은 지 2~3일 동안은 죽은 자의 영이 아직도 죽은 자의 육체 안에 남아있는 이유는 이 상념의 교환을 위해서이다. 그리고 이 사이에는 죽은 자의 영은 죽은 육체 안에서 조용히 소리 없는 영의 호흡을 계속하고, 또 영으로의 생각에 잠기고 있는 것이다. '죽은 자도 생각하고 있다!'는 것은 틀림없는 사실이다.

죽은 자의 영과 인도하는 영과의 상념의 교환은 어떻게 이루어지는가에 대해서는 다음 장에서 말하기로 하겠다.

4. 사후에 시작되는 영과의 대화

제프는 가족들의 헌신적인 간호의 보람도 없이 마침내 영영 돌아오지 않는 나그네가 되고 말았다. 애통하고 슬퍼하는 사람들에게 둘러 싸여 그의 시체는 현세(現世)에서의 용무를 전부 마치고 조용히, 그리고 영원히 잠들어 있다.

제프가 이 세상을 떠난지 몇 시간이 지났으나 제프는 여전히 그의 죽음을 애통하고 슬퍼하여 눈물을 흘리고 있는 사람들에 에워싸여 있었다.

제프 —시체가 된 제프는 이때 문득 무엇인가를 깨달은 것같이 생각되었다. 그리고 그는 생각했다.

"나는 조금 전에 분명히 죽었을 터인데……? 사람들이 내 손을 잡고 마지막 이별이라고 하면서 눈물을 흘리고 있었는데……? 그것은 꿈이었을까?

그러나 이렇게 생각하면서 그는 주위를 둘러보았으나 그곳에 사람들의 모습도, 그가 살아 온 눈에 익은 방도 그의 눈에는 보이지 않았다.

가족들도 틀림없이 한 방에 있었지만 제프는 같은 방에 죽은 시체가 되어 누워 있으면서 이제는 별개의 다른 세계로 들어간 인간(영)이었으므로 보일 리가 없었다.

그러나 제프의 내부에서 이런 기미가 일어나기 시작한 것은 제프가 영으로서의 각성(覺醒)이 시작되었음을 나타내고 있다. 제프는 자기가 살아 있다고 자각하게 된다. 그러나 그는 육체의 눈을 뜨고 주위에 있는 사람들을 보거나 입을 열어 사람들에게 말을 건넨다거나 할 수는 없다. 그리고 한편에서는 그는 자기가 영으로서의 조용한 호흡을 소리 없이 계속하고, 심장도 고동치고 있다는 것을 틀림없이 느끼기 시작하고 있을 것이다.

이윽고 제프는 영으로서의 마음의 의식 속에 두려움과 놀라움에 소리치고 숨을 삼키게 된다. 그의 눈앞에 아직 희미하기는 하지만, 그때까지 보지 못했을 뿐만 아니라 상상조차 한 일이 없었던 세계가 펼쳐지기 시작했기 때문이다.

"어쩐지 지금까지 살고 있었던 세계와는 전혀 다른 세계 같다. 확실히 알 수는 없지만, 이것이 죽은 후에 가는 세계라고 하는 것인지도 모르겠군."

그는 죽음의 밑바닥에서 이렇게 중얼거리고 있을 것이다. 그의 눈앞에는 희미하긴 해도 넓고 넓은 대평원과도 같은 풍경, 건너편이 보이지도 않는 넓고 큰 강, 엷게 하늘에서 내려비치는 태양과 같은 것, 무엇인가 인간을 연상케 하는 것같이 느껴지는 생물 —그러나 아지랑이처럼 그 모습은 희미하다 —이 자유롭게 그 세계의 공중을 날고 있는 이러한 불가사의한 세계가 보이는 것 같은 느낌이 들었다.

그리고 얼마 후 제프는 이 몽상인지 환상인지 분간하기 어려운 생각에서 깨어나게 된다. 그는 바로 자기 눈앞에 그 때까지 상상해 보지도 못했던 두 개의 사람의 그림자가 나타나서 자기 곁에 앉는 것을 보았기 때문이다. 그를 인도하기 위해서 영계로부터 온 영이 나타난 것이다.

인도하는 영은 제프가 그들이 온 것을 알아차린 것을 알게 되자, 제프의 얼굴을 조용히 응시하기 시작한다. 그에 따라서 제프 안에서 눈을 뜬 영(정확히 말하자면 아직은 정령(精靈)이지만)도 제프 자신은 깨닫지 못할지도 모르나 인도할 영 쪽으로 얼굴을 돌린다.

영끼리의 사이에서는 얼굴을 서로 맞대는 것만으로도 충분히 상념을 교환할 수 있는데, 제프의 정령에게는 아직 이것만으로는 부족하다. 그래서 인도하려고 온 영은 제프의 정령이 영으로서 각성하는 것을 도우려고 한다.

제프의 정령은 왼쪽 눈 위에 얹어 놓은 헝겊이 조용히 걷히고 있는 것을 느끼게 된다. 그리고 왼쪽 눈에 조금씩 빛이 비치고 있는 것을 알 수 있게 된다. 그러나 아직도 이것은 사람이 잠에서 깨어나기 시작할 때 가느다랗게 눈커풀 사이로 빛이 비추는 것을 느끼는 때와 같이 퍽 희미하고 불안한 상태이다.

다음에 제프의 정령은 얼굴 전체를 덮고 있는 부드러운 엷은 천이 조금씩 말려 올라가는 것을 느끼게 된다. 이 단계에 오면, 영으로서 눈을 뜨기 시작하고 있었던 제프의 정령이 마음속에 아직 육체의 인간이었던 때에는 상상조차도 하지 못했던 영으로서의 상념(想念)이 와락 한꺼번에 스며들어 온다.

왼쪽 눈 위에서 혹은 얼굴 전체에서 말려 올려진 엷은 천은 실제로 그와 같은 일이 물론 인도하려고 온 영의 손에 의해서 행해질 리는 만무하고 또 그런 일을 할 수 있을 리도 없다.

이것은 제프의 정령의 생각이 육체적 인간이었을 때의 생각을 벗어나서 영의 상념에도 이행하는 것을 나타내는 하나의 표상적(심볼)인 행위인 것이다.

영으로서의 상념을 자신에게 받아들인 제프의 정령은 이때 확실히 자기가 죽은 것이 아니라 살아 있다는 것을 자각하게 된다. 인도하는 영은 이때 제프의 정령에게 영계의 말로 말한다.

"이제 정령이다. 그대는 이제부터 영으로서의 영원한 삶으로 들어가게 된다."

이제는 제프의 정령도 인도하러 온 영의 말의 뜻을 확실히 알 수 있다. 인도의 영과 제프의 정령과의 사이에 상념의 교환이 시작되는 것은 이때부터이다.

인도하러 온 영이 묻는다.

"당신은 인간으로 있었을 때에는 어떤 삶을 보냈는가?"

제프의 정령은 육체의 인간이었을 때의 생애의 기억을 두 세 가지 이야기해 주는 것만으로도 충분하다.

"영계에는 수많은 단계가 있다. 지금 그대에게 그것을 보여 주리라."

인도하는 영이 이렇게 말하자, 지금까지 제프의 정령에서는 보이지 않았던 영계라든가 그곳에서 영원한 삶을 보내고 있는 영들의 모습이 보이기 시작했다.

그 사이에 인도하러 온 영은 제프의 정령의 표정을 지켜보고, 그 표정에 나타나는 사소한 변화도 놓치지 않으려고 했다.

영계에는 뒤에 말하겠지만 무수한 영의 단체가 있다. 영들은 누구나 다 자기에게 가장 적합한 단체에 속해서 영원한 삶을 보낸다. 인도하는 영이 나타나 죽은 사람의 영과 상념을 교환하는 것도, 그 죽은 자의 영이 과연 인도하는 영과 같은 단체에 속할 수 있는 성질을 갖고 있는지 어떤지를 알기 위해서이다. 그러므로 이 상념의 교환에 의해서 같은 단체에 속할 수 있는 성질을 새로운 영이 갖고 있다고 판단하게 되면 인도하는 영은 자기 스스로 죽은 자의 영을 영계(단, 처음에는 정령계이지만)로 인도해 간다.

또 반대로 그 죽은 자의 영은 다른 영계의 단체에 속해야 된다고 생각하면 죽은 자의 영을 육체 안에 그대로 둔 채 사라져 버린다. 이런 때에는 죽은 자의 영은 그 뒤 잇달아 나타나는 인도하는 영에 의해서 자기가 장래에 속해야 할 단체가 확인될 때까지 육체 안에 남아서 영의 삶을 보내게 된다. 즉, 그 사이에는 앞에서도 말한 것처럼 '죽은 자도 생각하고 있는' 셈이 된다.

또한 내가 지금 제프의 예에서 기술한 '죽은 자의 영과 인도하는 영의 상념의 교환'에 대해서 좀 더 설명을 보충해 두기로 하겠다.

먼저 사람들이 첫 번째로 의문을 품게 되는 것은 영계의 말을 배운 일도 없는 제프의 정령과 영 사이에 말이 통하는 것 같다는 데에 있을 것이다.

이 비밀은 영계의 말은 영들이 배우지 않더라도 자기 마음에 생각하는 바가 있으면 그것이 그대로 말이 되어 나타나서 상대방에게도 통한다는 이유에서이다. 또한 인도하는 영이 인간으로서의 제프의 생애에 대해서 질문한 것은 인간으로서 이 세상에서 보낸 생애 안에 실은 영으로서의 제프의 성질을 알 수 있는 열쇠가 꽤 많이 포함되어 있기 때문이며, 인도하는 영은 그것을 알아서 장래 제프의 영이 속해야 될 영계의 단체가 어느 단체이어야 되는지를 판단하는 참고로 삼게 된다.

또 사람들이 가장 이상하게 생각하는 것은 이 예 안에 두 번쯤 나온 표상(表象)이라고 생각한다. 표상이란 한 가지 일을 무엇인가 공통성을 암시하는 다른 심볼로 나타내는 것이며, 예를 들면 빨강색은 정령, 흰색은 순결이라고 하는 식으로 표상은 이 세상에서도 행해지고 있다.

또 제프의 얼굴 위에 덮혀 있던 엷은 헝겊을 말아 올리는 듯한 기분을 제프에게 갖게 함으로써, 제프의 정령이 이미 인간계를 떠나 그 생각도 영적인 것이 되었다고 가르쳐 준 인도하는 영이 행한 표상도 아직은 현세적(現世的)인 표상의 방법인 것이다. 그러나 영계의 표상에는 아직도 이 세상 인간들의 상상을 초월한 많은 표상이 있다.

방금 든 예에서 제프의 정령에게 영계의 모양이나 영계의 단체가 뚜렷하게 보인 것도 실은 인도하는 영이 표상이라는 방법에 의해서 보여준 것이며, 영계의 놀랄만한 표상에 대해서는 차차 뒤에서 알게 될 것이다.

제프의 영은 이렇게 하여 여하튼 인도하는 영에 의해서 인도되어 간다. 죽은 자의 영(정령)은 영원의 삶을 보내는 영계로 떠나기에 앞서 먼저 정령계로 인도되는데, 그 정령계에 인도되어 가는 과정에 대해서는 다음 장에서 말하기로 하겠다.

5. 정령계(精靈界)로 가는 길

나는 새로 죽은 자의 정령이 인도하는 영에 의해서 정령계로 인도되어 가는 것을 몇 번이나 보았다. 또 하나의 예를 들어 이것을 기술해 보기로 하겠다.

이때 두 인도령(引導靈)과 정령은 어깨를 나란히 하고 이야기를 나누면서 어떤 도시의 교외에 흐르는 강가를 걷고 있었다.

강 연변에는 포도밭, 보리밭, 목장, 가축사 또는 갖가지 모양의 집들, 그리고 언덕 위에는 성이 보이고 많은 사람들의 모습도 그곳에 있었다. 그러나 이것은 어느 것이나 다 이 세상의 것이므로 그들의 눈에 띌 리가 없었다. 그들의 대화를 나는 조금씩 들었다.

"그대에게는 저쪽에 빙원(氷原)이 펼쳐져 있는 것이 보이는가? 그대가 이제부터 가는 정령계는 저 빙원 너머 아득히 먼 저쪽 산골짜기에 있소."

영이 말하는 빙원 같은 것은 그들이 걸어가고 있는 이 세상의 풍경 속에는 있지 않다. 그들은 같은 공간에 있으면서도 같은 공간에 있지 않다. 그들의 눈에 비치는 것은 전부 이 세상 세계와는 다른 세계, 영계의 것이다.

정령은 의심이 가득한 목소리로 대답했다.

"나에게는 빙원 같은 것은 보이지 않는데, 그것은 도대체 어디에 있소. 또 정령계라고 하는 것이 나에게는 어떤 것인지 그 개념조차도 분명치 않고. 그대들이 말하는 것이 나에게는 전부 암중모색이어서 도무지 이해할 수가 없으니 어떻게 하면 좋을지 모르겠소."

인도하는 영끼리 마주 보고는 희미하게 웃는 것같이 보였다.

"지금은 그런 것에 마음을 쓸 필요는 없다. 머지않아 그대에게도 내가 전하는 것 전부가 분명하게 알게 될 때가 올 것이다."

정령이 다시 말했다.

"나에게는 빙원 같은 것은 보이지 않지만 다른 것은 눈에 들어오오. 그것은 바다와 같은 것이오. 그 해변에는 거대한 바위가 있고, 그 바위 위에 수많은 사람들의 그림자 같은 것이 보이오. 거대한 바위 옆에는 큰 고래 같은 물고기가 있는데 그것이 큰 아가리를 벌리고서 거대한 바위를 삼키려고 하고 있는 모습이 내 눈에 비치오."

여기까지 듣자, 인도하는 영은 정령의 이야기를 중단시켰다.

"그대는 정령으로서 눈이 조금씩 틔어지는 것 같소. 좀 더 있으면 그 바다처럼 보이는 것이 빙원으로 변할 것이오. 그대는 그 바다같이 보이는 것을 조금만 더 눈여겨보고 있으시오."

그들은 여전히 강을 따라 걷고 있었는데 어떤 보리밭이 있는 곳까지 오자 갑자기 방향을 바꾸어 강 건너편으로 옮겨 갔다. 그러나 여기에 다리가 있었던 것은 아니다. 그들은 마치 공중에 눈에는 보이지 않는 다리가 걸려 있는 것처럼 강위의 공중을 아주 자연스럽게 걸어가는 것이었다. 그리고 강 건너편으로 건너가자 성의 성벽

안을 마치 지키는 사람이 아무도 없는 것처럼 성벽을 그대로 통과해서 성 건물도 빠져 나가고 앞으로 앞으로 걸어가는 것이었다.

여기에선 나는 나 자신이 영에 의해서 인도된 경험을 약간 기술해 보겠다.

나는 언제인가 어떤 시가지를 지나서 그 도시의 교외를 향해 걸어가고 있는 도중이었다. 나는 그때 걸어가면서 영과 이야기를 하고 있었다.

나는 눈을 뜨고 있었으며 평소와 조금도 다름없이 느끼고 있는 것으로 생각하고 있었다. 그런데 실은 내가 눈을 뜨고 각성하고 있다고 생각하고 있던 것 자체가 환상이었던 것이다. 나는 걸어가는 도중에 숲이라든가 집, 강, 사람 등 보통 인간계에 있는 것을 모두 다 보았다. 그런데 이것이 사실은 인간계에 있는 숲이나 가옥이 아니라 영계의 것이라는 사실이다. 나는 그때 영에 의해서 인도되고 있었던 것이다.

나는 이렇게 계속 걸어가다가 갑자기 육체로 되돌아 왔다. 그리고 나의 주위의 상황이 이제까지 보고 온 것과는 전혀 다른 것을 보고 아연실색했었다.

내가 이와 같이 하여 영의 인도를 받아 걸어 간 시간이 어느 정도였는지, 혹은 얼마나 날짜가 지났는지는 전혀 알 수 없었다. 다만 내가 알고 있었던 것은 전혀 피로를 느끼지 않았다는 것과 내가 인간계로 올라와서 서있던 장소가 나에게는 전혀 낯선 고장이었다는 두 가지 일뿐이었다.

인도령에 의해 인도되는 이 새로운 정령은 곧 정령계에 도착하게 되리라. 그리고 그는 그 때까지 보지 못했던 것은 물론 상상조차도 하지 못했던 정령의 세계 —정령계를 자기 눈으로 봄과 동시에 틀림없이 크게 놀라게 될 것이다.

나는 다음 장에서 영계 중에서도 가장 흥미 있는 세계, 그리고 이 세상의 인간과의 관련도 퍽 깊은 세계 즉, 정령계의 여러 가지 일을 적어 보기로 하겠다.

6. 정령의 세계—정령계 (精靈界)

정령계는 이 세상과 영계와의 중간에 있다

이 세상의 인간이 죽어서 가장 먼저 가는 곳이 바로 정령계인 것이다. 인간은 죽은 후 즉시 영이 되는 것이 아니라, 일단 정령이 되어서 정령계에 들어간 후 이곳에서 다시 영계로 들어가 그곳에서 영원한 삶을 보내는 영(靈)이 된다.

정령이 인간과 영과의 중간적인 존재인 것처럼 정령계도 인간 세계인 이 세상의 물질계, 즉 자연계와 영계와의 중간에 있는 세계이다.

정령계가 얼마나 넓고 큰지, 실은 너무도 넓고 커서 나 자신도 알수가 없을 정도인데 매일 매일 몇 만 아니 몇 십만명이라고 하는 인간이 육체의 삶을 끝마치고 정령계로 들어오는 것만을 보아도 그광대무변함은 상상을 초월한다.

이와 같이 정령계는 광대한 주위를 거대한 바위산과 빙산, 끝없이 이어지는 산봉우리로 이루어진 웅장한 산맥에 둘러싸인 그 안에 있다.

그 광대함은 이 세상에서 비교가 될 만한 것이라곤 없으며, 겉모양만으로 말한다면 산들이 주위를 둘러 싼 커다란 분지라고 생각하면 좋을 것이다.

정령계에서는 주위를 둘러싸고 있는 거대한 산맥과 산맥 사이의 여러 곳에서 영계로 갈 수 있는 통로가 나 있는데, 이 통로는 정령계에 사는 정령들의 눈에는 잘 보이지 않는다.

그들이 정령계로부터 영계로 옮겨 갈 준비가 끝났을 때에야 비로소 눈에 보이게 된다. 그러므로 정령계에 사는 정령들은 영계가 존재하는 것 조차도 모르고 있으며, 그들은 마치 이 세상 사람들이 이 세상만이 전세계라고 생각하고 있는 것과 같이 정령계만을 세계라 믿고 생활하고 있다.

그러면 정령계에서의 정령들은 어떤 과정을 밟고 어떤 준비를 거쳐서 영계로 갈 수 있게 되는 것일까? 그 영계로 가는 준비란 도대체 어떤 것일까?

나는 아직 죽지 않았는가? 정령들 최초의 의문

정령계는 틀림없이 영계의 하나이긴 하지만 아직도 많은 점에서 이 세상과 닮은 데가 있다. 3일 전에 정령계로 온 정령과 이승에서 아주 절친하게 지냈던 사람이 그날 정령계로 들어와 먼저 들어온 정령과 대화를 나누는 것을 나는 들은 일이 있다.

새로 들어온 정령이 말하기를,

"내가 세상에 있을 때 너의 장례 준비를 사람들이 하고 있는 것을 보았다네, 너의 육체가 막 땅에 묻히려 하고 있었지."

이 말을 듣자, 또 한편의 정령은 정신을 잃을 정도로 놀라는 모습으로 눈을 둥그렇게 뜨더니 말했다.

"나의 육체가 묻히려고 하다니, 그게 무슨 말인가? 나는 지금껏 이렇게 살아 있지 않은가? 세상 사람들이 모두 미친 것 아냐? 그런 일이 있다면 즉시 중지시켜야지!"

발을 구르고 손을 떨면서 미친 듯이 소리치는 그의 모습을 보다 못한 나는 그들 사이로 끼어들었다. 그리고 소란을 피우고 있는 정령을 향해서 말했다.

"당신은 지금 정령이 되어 있는 것이오, 육체를 가진 인간이 아니란 말이오. 당신은 이 사실을 잊어서는 안되오. 당신이 정령계로 인도를 받았을 때 이런 일에 대해서 듣지 못했을 리가 없을 텐데…"

나의 말이 그를 진정시키고 그로 하여금 이성을 되찾게 했는지 그는 비로소 굳었던 표정을 풀고 말했다.

"이제야 비로소 생각이 나는군. 나는 지금까지 정령이 되어 있다는 것을 잊고 있었군. 그렇다면 지상의 용무를 모두 마친 육체가 묻히는 것쯤 내가 상관할 바가 아니지."

정령계는 적어도 정령들의 의식 속에서는 인간계와 조금도 다른 데가 없다고 해도 좋을 정도로 비슷하다. 그래서 앞에서 예를 든 정령과 같이 아직 자기가 인간으로서 살아 있다고 착각하고 있는 정령도 꽤 많고 정령계로 인도되기 전에 인도하는 영이 정령이 되었다는 것을 가르쳐 줄 텐데도 이런 일도 정령계에 들어오면 곧 잊어버리는 일이 종종 있다.

정령계가 너무나도 인간계와 비슷하기 때문에 자기는 분명히 죽었는데, 다시 그대로 살아 있는 것에 놀라는 정령도 꽤많다. 그리고 그 중에는 정령계와 인간계가 너무나도 비슷한 것에 놀라는 자와 죽었다고 생각했던 것은 환상이었단 말인가? 그렇지 않다면 지금 살아 있는 것이 환상이란 말인가?"

이와 같이 정령은 늘 이러한 자문자답에 골치를 앓고 있다. 이와 같은 정령에게는 영계로부터 온 지도령(指導靈), 즉 정령계에 있어서 영계의 경험이 풍부한 선배령들이 가르쳐 주는 일이 있다.

"그대는 정령이 되었다는 사실을 잊어서는 안 된다. 그대가 죽었다고 하는 것은 육체적 인간으로서 죽은 것이다. 그러나 육체적 인간으로서 죽은 그대는 다시 정령으로 태어나는 것이다. 그대가 죽은 것은 사실이다. 그러나 그대가 지금 살아 있다는 것도 역시 사실이다. 쓸데없는 망상에 사로 잡혀 갈피를 잡지 못하는 일이 없도록 하라. 그대는 지금 정령으로서 살아 있는 것이며, 이것은 만의 하나도 거짓이 없는 진실인 것이다."

그리고 영은 다시 다음과 같이 교시해 준다.

인간은 원래 영과 육체의 두 가지로 이루어져 있다. 육체를 가진 것만이 인간이라고 생각하는 것은 어리석고 잘못된 생각이라는 것, 그리고 육체가 죽으면 영은 정령이 되어 정령계로 인도되고 그곳에서 영원한 삶의 준비를 한다는 것, 준비를 마치면 영이 되어 영계로 가서 그곳에서 영원한 삶을 살게 된다는 것, 따라서 지금은 그를 위한 준비기간이라는 것 등등을 잘 알 수 있게 설명해 준다.

그런데 이에 대해서도 역시 놀라움을 표시하는 정령이 있다.

"내가 인간 세상에 있을 때 그런 이야기는 전혀 들어본 적이 없다. 또 나에게 그런 일을 가르쳐 주고 들려준 사람도 전혀 없었다. 나는 처음으로 듣는 일 뿐이다. 나는 그런 말을 처음으로 듣고 앞이 캄캄해지는 느낌과 눈앞이 확 트이는 것 같은 생각이 얽혀서 혼미해질 뿐이다. 내가 세상에 있을 때 그렇게 어리석었단 말인가?"

즉, 인간은 육체가 죽으면 그것으로 모든 것이 끝장나는 것이라고 생각하고 있었다. 그리고 또 영계라든가 영이라고 하는 것은 들어본 일조차도 없었다. 그런데 현실은 지금 이 생각이 어리석었음을 인정하지 않을 수 없게 된다. 그렇다고는 하지만, 인간이었던 때에는 상상조차 못했던 일뿐이므로 마음이 산란해지고 머리가 혼란을 일으킬 뿐이다, 라고 하는 것이 이 정령의 솔직한 느낌일 것이다.

이렇게 혼미해진 정령들도 정령계에서 사는 날이 거듭됨에 따라 정령으로서의 삶에 대해서 차차 확신을 갖게 된다. 내가 만난 많은 정령들은 내가 이 이승에 산 육체를 둔 채 정령계를 방문한 '불가사의한 나그네'임을 알게 되면 모두가 나에게 인간 세상에 살고 있는 가족들이나 친구들에게 말을 좀 전해 달라고 부탁했었다.

"나는 죽은 것이 아니라 정령으로서 살아 있다는 사실을 세상에 아직 살아있는 가족들에게 전해 주오."

대개가 이런 부탁들이었다.

나는 여기에서 이 기회에 세상의 학자들이나 종교 관계자들에게 한마디 충언을 해두고자 한다.

정령계에 들어간 당초의 정령들은 자기 스스로는 죽었다고 생각하고 있었던 그들이 이처럼 놀라고 어찌할 바를 모르며 괴로운 번민에 빠지게 되는 것은 무엇 때문인가?

이것은 세상 학자들이라든가 일부 교회의 목사라고 칭하는 자들이 인간의 본질과 영이라든가 영계의 일에 대해서 아무 것도 세상 사람들에게 가르쳐 주지 않을 뿐 아니라 오히려 잘못된 생각을 심어주기 때문이다.

그들은 이 세상 —내가 말하는 자연계, 물질계의 태양 빛 속으로만 사물을 보고, 또 자연계, 물질계의 사고방식으로만 세상 사물을 생각하고 있으며, 자연계의 빛 속에서는 보이지 않거나 자연계의 사고방식으로는 생각할 수 없는 것은 모두 존재하지 않는다고 제멋대로 정하고, 세상 사람들을 그렇게 가르치고 있다. 그리고 영계의 빛에 의해서 영계의 사고방식으로 존재하는 것은 그들이 보지도 이해하지도 못한다고 해서 전부 부정해 버리는 어리석음을 저지르고 있다.

정령의 마음속에 새겨진 인간이었을 때의 기억

정령계는 인간계와 비슷한 점이 많다. 정령들은 누구나 다 하나의 인체를 갖고 있고, 얼굴의 생김 생김도 정령이 된 후 얼마 동안은 이 세상의 사람이었던 때와 거의 변함이 없다.

또한 정령계에는 이 세상에 있는 모든 것, 예를 들면 산이라든가 강이라든가 집 등 무엇이든지 다 있다. 그리고 또 정령들은 인간이 갖고 있는 모든 감각도 그대로 갖추고 있다.

다만 감각에 있어서 이 세상 인간과 다른 점이 있다면 인간으로서는 있을 수 없는 영으로서의 감각을 갖고 있다는 점이다. 그리고 이 영적 성격은 차차 갈고 닦여서 그 성격이 영적인 의미로 차차 물질계적인 것에서 벗어나게 되면 그들에게는 영계에 갈 수 있는 자격이 부여된다.

정령계는 영적인 영격(靈格)을 완성시키는 과정에서 시련을 견디고 수양을 하는 곳이라고 해도 좋은 것이다. 정령들의 영적인 감각이 뛰어난 것을 여러분에게 알리기 위한 예로서 나는 그들의 놀라운 기억력을 들어 보기로 하겠다.

영계에서 온 검사하는 영 앞에 한 사람의 정령이 섰다. 검사하는 영은 우선 이 정령의 얼굴을 가만히 지켜보았다. 그리고 다음에는 시선을 차차 옮겨서 가슴에서 배로, 다시 다리로, 그리고 손끝으로, 이렇게 정령의 온몸에 시선을 집중해 간다.

정령계의 다른 정령들도 주위를 빙 둘러싸고 이 광경을 보고 있었다. 그러자 무슨 영문인지도 모를 기묘한 일이 일어나 다른 정령들을 놀라게 했다.

검사하는 영 앞에 서 있던 정령의 머리 위에 안개와도 같은 구름이 한가닥 솟아 오른 것이다. 그리고 이 구름은 차차 형태를 이루어 한 채의 집이 되었다. 그리고 그 집 문간에는 한 사람의 남자의 모습이 나타나 주위를 살피더니 집 안으로 들어 갔다. 그(즉, 지금 검사를 하는 영 앞에 서 있는 정령)는 좋지 않은 일을 상의하기 위해 들어간 것이다.

그런데 다른 정령들이 놀란 것은 다음에 일어난 가장 강한 현상이었다. 이 정령의 머리 위에서 일어나고 있던 광경에 정신이 팔리고 있던 다른 정령들은 땅위에서 책장을 넘기는 것 같은 소리를 듣고 땅위로 눈길을 돌렸다.

그러자 검사하고 있는 영 앞에 서 있던 정령의 발밑에 한권의 메모장 비슷한 것이 아무도 알지 못하는 사이에 나타나 그 페이지가 한 장 한 장 넘겨지고 있었다. 이 메모장이 언제 나타났는가를 아는 사람은 아무도 없었다.

이 메모장에는 그 정령이 인간계에 있었을 때 저지른 과거의 죄상이 낱낱이 기록되어 있었다. 그 메모장은 뇌물을 먹고 부정행위를 한 그 자신이 인간계에 있었을 때 상세하게 전부를 적어 놓은 바로 그 메모장이었다. 그리고 더욱 놀라운 것은 그 자신이 이 세상에 있었을 때에는 까마득하게 잊어버리고 있었던 일까지도 적혀 있었다.

또 하나의 예를 다음에 적어 보기로 하자.

"이것은 내가 세상에 있을 때 저술한 책이오. 그런데 어떻게 해서 이 책이 지금 여기에 나타났는가?"

그 정령은 놀라움을 감추지 못하고 이렇게 외쳤다. 그런데 검사를 하는 영은 조금도 놀라는 빛도 없이 조용히 대답했다.

"나는 지금 그대의 기억 속에서 이 저작(著作)을 끌어내어 여기에 다시 나타나게 했다. 그대는 조금도 놀랄 필요가 없다."

그러나 그 정령의 놀라움과 흥분은 더해 갈 뿐이었다. 그는 계속해서 외쳤다.

"이 불가사의한 일을 어떻게 이해하란 말이오. 이 저서는 틀림없이 내가 인간계에 있을 때 쓴 것이오. 그런데도 나는 이렇게 세밀한 부분까지 기억하고 있지는 못하오. 그런데 내가 잊어버리고 있는 것까지 적혀 있으니 어떻게 된 일이오."

이 정령은 인간 세계에 있었을 때 학자였다. 그리고 지금 정령계에서 그가 저술한 책이 다른 정령들 눈앞에 나타난 것이다. 그리고 그가 말하고 있는 것처럼 그 자신이 인간이었을 때는 잊어버리고 있던 세밀한 부분까지도 재현되었고, 글자 한자 틀린 곳이 없었다.

이것은 검사하고 있는 영도 말하고 있는 것처럼 검사는 영이 학자였던 정령의 기억 속에서 끌어내어 다른 영들의 눈 앞에 재현시킨 것인데, 이런 일이 까마득히 잊고 있었던 것을 정령이 되어 기억을 되살려 내고 있었음을 보여 주는 것이다.

정령이 되면 인간으로 있었을 때와 같은 육체적인 구속에서 벗어나기 때문에 사고력이나 이성, 지혜 등의 영적인 능력이 인간과는 도저히 비교가 안될 정도로 뛰어나게 된다는 한 예이다.

그런데 지금 든 예에서 좀 더 덧붙여 둘 일이 있다. 검사하는 영은 정령의 기억 속에 있는 것을 그의 얼굴과 온몸을 응시하는 것만으로 끌어냈다. 이것은 영에게만 있는 특유한 능력이며 인간에게는 없는 것이다. 그리고 또 한 가지는 정령의 기억 속에서 끌어 낸 것을 다른 영의 눈앞에 재현시킨 일이다.

그런데 이 재현은 이 세상에서와 같이 책이나 메모장 같이 물질적인 형태로 나타난 것이 아니라 다른 정령들의 영적인 시력에만 보이는 형태로 나타난 것이다. 따라서 영적 시력이 아직 발달하지 못한 정령에게는 이런 것들은 보이지 않는다.

정령에서 영으로의 진화

이 세상에서 뜻하지 않은 집단적인 재난을 당했을 때에는 한 가족이 나란히 정령계로 들어오는 일이 있다. 이런 때 그 가족은 얼굴 모습이 비슷하고 또 정령계에서도 한 곳에 모여 있으므로 이 세상에서 가족이었음을 곧 알 수 있다. 그러나 이러한 가족들도 정령계에서 살고 있으면, 날이 갈수록 조금씩 얼굴 모양에도 변화가 생기고 그에 따라 이리저리 흩어지는 것이 보통이다. 이것은 친구라든가 아는 사람 사이에서도 같은 현상이 일어난다고 말할 수 있다.

이 세상에서는 같은 가족이었는데, 이젠 얼굴 모습도 서로 상당히 달라진 일단의 정령이 되어 이야기를 하고 있었다. 인간이었을 때 부친이었으리라고 짐작되는 정령이 말했다.

"당신은 어느 단체로 갈 작정이오?"

부인으로 짐작되는 정령이 대답했다.

"내가 가려고 하는 단체는 당신이 가려고 하는 단체와는 다릅니다."

정령계를 졸업한 정령은 영이 되어 영계로 간다는 것은 이미 말했는데, 어느 영이나 자기 본성에 가장 알맞는 영계의 단체에 속해서 그 이후의 영원한 영의 생활을 보내게 된다.

영계에는 영의 성격의 다양함에 따라 무수히 단체가 많은데, 지금 두 정령이 말한 단체란, 이 영계의 단체를 가리킨 것이다.

아들이었던 것으로 짐작되는 정령이 또 대답했다.

"저의 희망은 아버지인 정령과 같은 단체에 속하는 것입니다. 그러나 제 희망을 영계에서 과연 받아들여 줄 것인지, 몹시 불안하게 생각하고 있습니다."

딸이라 여겨지는 정령도 말한다.

"저는 아버지, 어머니, 오빠와 헤어져서 전혀 다른 종류의 단체에 속했으면 좋겠어요. 그것은 제가 인간으로 있었을 때부터 아버지, 어머니, 오빠보다도 그이를 더 좋아했기 때문이에요. 그이는 아직도 인간 세계에 있지만. 어느 때이고 영계에 오면 내가 기다리고 있는 단체로 찾아오리라고 믿으니까요."

아직 나이어린 어린이도 말했다.

"나는 어머니와 같이 갈래요. 어느 단체이든 어머니가 가려고 하는 단체라면 어디든지 따라 갈래요."

이 세상에 있었을 때 한 가족이었다고 하더라도 정령계는 모르되 영계에서는 다른 단체에 속하게 되면 그 때는 영원히 만나볼 수 없게 된다. 그리고 이 가족의 경우에 있어서는 아버지와 아들, 어머니와 유아, 그리고 딸은 장래에 이 영계로 오게 될 인간이었던 때의 연인과 같은 단체에 속하게 되는 것을 희망하고 있었다. 그러나 결국은 전 가족이 흩어져서 다시는 만날 수 없는 별개의 영계 단체에 속해서 갔다.

방금 말한 이야기를 이 세상 사람들의 상식으로 본다면 너무나도 비정한 이야기라고 할 사람도 많으리라고 생각한다. 그러나 이것이 영계의 법도인 것이다.

나는 영계의 법도를 설명하기 위해서 인간과 영의 관계라든가 인간과 영의 위치에 대해서 조금 설명을 해 두기로 한다.

인간은 원래 영계에 속해 있는 영과 자연계에 속해 있는 육체로 이루어져 있다는 것은 몇 번이나 되풀이 한 대로이다. 그렇다면 인간을 이와 같이 두 개로 나눈다고 한다면 어느 부분이 영이고 어느 부분이 자연계에 속하는 육체의 영역에 포함되는 것일까? 이것은 다음과 같이 말할 수 있다.

한마디로 말하자면 —인간의 본성, 즉 마음 그 자체 안에서 가장 내면적인 것, 진실한 뜻에서의 지혜, 이성, 마음속에서 움직이고 있는 것은 영의 영역이며, 이것들은 모두 영(靈)이 하는 일인 것이다.

이에 반해서 육체는 물론이고, 눈이나 귀·코·혀·몸·감각 등의 육체적, 표면적인 감각들은 모두 다 물질계, 자연계에 원래부터 속해 있다.

인간이 육체적으로 죽어서 영(정령)이 되어 영계(정령계)에 가게 되면, 그 영은 본래의 영 자체로 차차 되돌아간다. 정령이라도 처음 얼마동안은 외부적인 감각의 잔재나 외부적인 기억을 갖고 있으나, 차차 그것들은 버리고 본래의 영의 모습이 되고, 또 영적인 감각이 나타나게 된다.

본래의 영의 모습이란 사람들에게는 이해하기 어려울지도 모르지만, 만약에 누구나 사람이 사회나 다른 사람과의 관계를 완전히 버리고 한밤중에 자기 방에서 혼자서 명상에 잠기고 자기 마음의 참 모습을 들여다보았다고 한다면, 이것이 바로 사람의 본래의 마음의 모습, 즉 영의 모습에 가깝다고 할 수 있을 것이다.

사람이 세상에 있을 때에는 도덕, 법률, 예의, 타인에 의한 고려, 습관 그리고 이해타산 등 그물코처럼 얽혀 있는 외면적인 것에 속박당하고 혹은 지식과 같은 내면적인 기억에 사로잡혀 해를 입고 있다. 그러나 영계에서는 이런 것들은 모두 필요없을 뿐 아니라 오히려 방해물에 지나지 않는다. 이것을 하나하나 버리고 영의 본래의 모습으로 돌아가기 위해서 정령에 머물게 되는 것이다.

앞에서 말한 가족의 경우도 정령계에 막 들어왔을 무렵에는 얼굴 모습도 비슷했었다. 그러나 정령계에서 생활하고 있는 사이에 그들은 세상에 있었을 때의 가족의 정리(情理)라고 하는 외면적인 것을 차차 잃어버리고 자기 자신의 영으로서의 참 모습으로 돌아갔으므로 이제 와서는 얼굴도 비슷한 데가 없이 되어버린다. 그리고 그 영들은 각각 다른 영계의 단체로 가서 이 이후에는 영원히 만나지 못하게 된다.

아버지와 자식, 어머니와 어린아이가 아무리 같은 영계의 단체에 속하기를 희망하고 있다 할지라도 좀 더 정령계에서 날을 보내고 있으면 결국 헤어져 각각 다른 길로 가는 것은 틀림없다.

정령들은 이렇게 하여 처음에 정령계로 들어간 상태(이것을 첫 번째 상태라고 한다)에서 차차 영에 가까운 상태(두 번째 상태)로 진화해 가는 것이다.

이 정령은 풀밭에 앉아 의기소침해서 무엇인가 깊은 생각에 잠겨 있었다. 나는 조금 떨어진 곳에서 그를 보고 있었는데 꽤 오랜 시간

동안 그는 그런 자세를 계속하고 있었다. 더구나 그는 무엇인가를 쉬지 않고 중얼거리고 있었다.

"내가 미쳐버렸단 말인가? 그렇지 않으면 내 지성과 두뇌는 모두 파괴되어 버렸단 말인가? 내가 아무리 애써보아도 세상에 있었을 때의 지식을 기억해 낼 수 없고, 나의 장래는 완전히 암흑에 싸였다. 아아, 나는 어쩌면 좋단 말인가?"

참으로 불안하기 짝이 없는 독백이다. 그러자 거기에 영계의 영이 나타나서 그에게 물었다.

"그대는 무엇을 그렇게 슬퍼하고 있는가? 나는 그대의 비탄에 빠진 말을 듣고 그대에게 충고를 해 주겠다."

정령은 이 말에 대답하여 그가 비탄에 빠지게 된 이유를 설명했는데 그의 말을 들은 영은 갑자기 웃음을 터뜨렸다. 정령은 다른 사람의 비탄을 웃어버리는 영에게 원망스러운 눈길로 바라보았으나 그래도 어딘가 모르게 납득이 안 간다는 듯이 의심스러운 표정을 지었다.

영은 말했다.

"당신은 그 일에 대해서 그렇게 마음을 쓸 필요가 없소. 당신이 기억해 낼 수 없는 것은 당신이 인간으로 있었을 때의 지식이란 게 한낱 외면적인 껍데기에 지나지 않기 때문이오. 예를 들면 학자의 지식과 같은 것이란 영계에서는 전부 '불순물'이라고 말하지. 당신이 세상일을 기억하지 못하는 것은 오히려 그대의 정령적인 진보를 나타내는 증거요, 이와 같은 외면적인 지식은 영계에서는 아무런 쓸모가 없는 것들 뿐이니, 당신이 비탄에 빠질 이유가 아무것도 없지 않은가."

"나는 당신의 말을 듣고 모든 것에 이해가 가오. 내 지식이 소멸해 가면서 다른 능력이 생기는 것을 느낀 일이 근래에는 자주 있었소. 이것이 즉 육체적인 인간의 퇴보이고, 영적 성정(性情)의 진보인가? 나는 이제 그 모든 것을 이해할 수 있을 것 같소."

그는 요즈음 이제까지는 통 보이지 않았던 영계의 모습이나 영계의 것들이 때때로 보이게 되고, 또 다른 정령들의 얼굴을 보면, 그가 생각하고 있는 것은 무엇이든지 알 수 있는 것 같은 생각이 들기도 하고 때로는 인간이었을 때의 친구의 일을 생각하면 이 영이 자기 눈앞에 나타나기도 하는 기이한 경험을 하는 일이 많아졌다. 그리고 그와 동시에 그가 인간이었을 때의 지식은 차차 기억에서 사라져 생각나지 않게 되었다고 설명했다.

영은 얼굴에 미소를 가득 담고 때때로 이 이야기를 미소 지은 얼굴로 고개를 끄덕이면서 듣고 있다가 마지막에 이야기 하기를,

"그대는 정령의 첫 번째 상태를 거쳐서 이제 바야흐로 두 번째 단계로 들어간 것이오. 그대가 영계로 들어갈 수 있는 날도 이제 멀지 않았소."

이것은 어느 정령으로부터 들은 이야기이다. 그는 어느 날 정령계의 광장 비슷한 곳을 지나갔을 때 몸에 총알이 뚫고 들어간 듯한 아픔을 느끼고 무의식중에 발을 멈추었다. 그리고 왼쪽을 바라보자 그가 세상에 있었을 때 잘 아는 사이였던 한 사나이의 정령이 세상에 있었을 때와는 퍽 변모한 얼굴로 노려보고 있었다.

그는 원한을 살만한 일을 한 기억이 없었으므로 이상하게 생각하

면서 이번에는 오른쪽을 바라보았다. 그러자 놀랍게도 그 정령의 아내였던 정령이 역시 무서운 눈초리로 노려보고 있었다.

그는 몹시 무서운 생각이 들어 즉시 그 자리를 떴는데 뒤를 돌아다보니까 그 두 정령은 이 세상의 척도로 말하자면 10만 미터나 떨어진 곳에서 아직도 눈을 뒤집어 까고서 서로 노려보고 있었다.

"지금까지도 그들은 서로 계속 노려보고 있을 것이다. 그러나 그 이유를 나는 지금도 전혀 모르겠다."

그는 지금 막 보고 온 광경의 기이함에 아직도 흥분이 가라앉지 않는 것 같았다. 그리고 그의 말에 의하면, 이 부부는 세상에 있었을 때 퍽 사이가 좋은 부부였다고 한다.

이 세상의 부부도 역시 인간사회에 있는 동안은 기억이 남아 있어서 정령계에서도 서로 미워하는 일 없이 한 곳에서 생활하기도 한다. 그러나 두 사람이 정령의 두 번째 상태가 될 무렵에는 두 사람의 영적 본성이 외면적인 제약을 벗어나 증오심이 잠재하고 있었던 내면적 본능이 밖으로 나타나게 된다.

이 부부의 경우도 대개는 그런 예일 것이다. 이와 같은 예는 정령계에서는 그렇게 신기한 일이 아니다.

이것은 그 영적인 본성이 흉악한 정령의 경우도 마찬가지이다. 사회적인 타산이나 법률의 공포 등이 없어지고 그들이 두 번째 상태로 들어갈 무렵부터는 인간사회에 있는 흉악과는 비교가 되지 않는 흉악함을 나타내기 시작하는데 그것은 글로는 도저히 표현할 수 없을 정도이다. 그러나 이것은 또 뒤에 가서 말할 기회가 있을 것이므로 지금은 언급하지 않겠다.

7. 정령계에서 영계로

　정령계에서 영계로의 이동은 참으로 기이한 방법으로 행해진다. 나는 이것을 나 자신의 경험으로 적어 보려고 한다.

　그 날은 이 세상에서 말하자면 미풍이 나뭇가지를 간들거리는 화창한 봄 날씨와 같은 느낌이 드는 날이었다.

　나는 정령계의 들판가에 있는 나무 그늘에 앉아서 눈앞에 펼쳐진 들판과 그 들판에 있는 정령들을 보고 있었다. 내가 기이한 생각에 사로잡힌 사건이 일어난 것은 이 화창함이 한창 무르익었을 때였다.

　나의 시야에서 들판도 정령들도 일체의 것이 갑자기 씻은 듯이 없어지고, 나는 그 순간 현기증 같은 것을 느꼈다. 그리고 다음에는 광대한 정령계의 주위를 둘러싸고 있던 거대한 연봉(連峰)의 산맥만이 보통 때보다도 무서울 정도로 뚜렷하고 따갑게 나의 눈에 비치는 것을 느꼈다. 그리고 이 산맥이 평소보다도 훨씬 더 가까이에 있는 것처럼 보였다. 그것은 나에게는 모든 산들이 주위에서 일제히 발맞추어 나를 향해서 다가오는 것같이 느꼈을 정도였다. 나는 '이 산들이 나를 짓누르려고 하는구나!' 하고 생각했다.

　그때 또 다시 나를 놀라게 하는 일이 돌연 일어났다. 이 산맥중에서도 특히 높이 솟아 있는 두 개의 산이 서로 좌우로 조금씩 이동하기 시작하는 것이었다. 그것은 하늘까지 닿은 거대한 문짝이 좌우로 조금씩 열려지는 것 같았다. 그리고 거기에는 산맥 너머로 통하는 입구가 열리는 것이었다. 나는 눈을 의심하며 생각했다.

'산이…… 움직이고 있다……?'

나의 목구멍에서는 쉰 소리 조차 나오지 않았다. 나는 그대로 정신을 잃었던가 아니면 정령으로서 죽었음에 틀림없다. 마치 이 세상의 인간이 육체의 인간으로서 죽는 것과도 같이 그 뒷일은 아무 것도 모른다.

얼마나 시간이 흘렀는지 알 수 없었다. 다만 나에게는 몇 만 년이나 세월이 흐른 것 같은 느낌이 들었다. 내가 제정신이 들었을 때 나는 나의 주위가 온통 붉은 흙 같은 적갈색으로 둘러 싸여 있다고 느꼈다. 그러나 나는 아직 눈을 뜨고 있지 않았던 것 같다.

나는 간신히 기억을 더듬어 산이 움직이고, 산맥 사이에 입구가 열려 공포에 질렸던 것까지 기억을 되살릴 수 있었다.

그 후에 현재까지의 일을 내가 기억할 수 있는 것은 다음과 같은 것이었다.

나는 … 저 산맥 사이에 열린 거대한 입구 사이를 지나갔던 것 같다. 어쩐지 내 몸 전체가 공중에 떠올라 어떤 방향으로 비행을 계속하고 있었다. 그리고 그 날으는 속도가 아주 느린 것 같기도 했고, 또 반대로 맹렬한 속도로 날아가는 것 같기도 했다.

나는 맨 처음에는 큰 강 위를 날고 있었던 것같이 생각된다. 그 강은 동양의 성스러운 강인 캔지스강이나 중국의 양자강 등과는 비교도 안 될 정도로 크나 큰 강이었고, 물은 유유히 흐르고 있었던 것 같다.

강 위를 지나자 나의 눈 아래에 넓은 바다가 보이기 시작했다. 그리고 그 바다에는 내가 지금까지 본 일이 없는 아니 상상해 본 일조차도 없는 짐승과 물고기가 보였다.

나는 바다 위를 날면서 내가 날아가고 있는 방향의 어두운 하늘에 하나의 작게 빛나는 별과 같은 것을 보았다. 바다 위를 꽤 오래 날았을 때, 나는 조금 전까지도 아주 작게 보였던 별이 갑자기 거대한 빛의 덩어리가 되어 나를 태워 버리려고 하는 것을 순간적으로 느끼고 너무나도 공포에 질린 나머지 눈을 꼭 감아 버렸다. 나는 여기에서 또 한 번 정신을 잃은 것같이 생각된다.

나는 적갈색 속에서 겁이 나면서도 살짝 눈을 떠 보았다.

'나는 살아 있다. 틀림없이 살아 있다!'

눈을 떠보고 비로소 내가 어째서 적갈색 속에 있는 것처럼 느끼게 되었는지를 알게 되었다.

나의 눈앞에는 눈에 익은 정령계의 광경 따위는 흔적도 없었다. 눈에 들어오는 것은 어디까지 이어져 있는지 조차도 알 수 없는 적갈색의 광막한 세계 —그것은 사막이 아닌가 생각했으나 사막과는 분명히 다른 것이었다. —가 펼쳐져 있었으며, 나는 그 속에 저녁노을과 같은 희미한 밝음 속에 혼자 있었다.

이 세계에는 생명의 존재 같은 것은 그 흔적도 찾아 볼 수가 없었다. 그것은 참으로 영원한 죽음의 세계였다. 그런데 얼마 후 기묘한 일이 벌어져 나의 가슴을 설레게 했다. 적갈색의 죽음의 사막과도 같은 세계의 저편에 약한 빛을 발하는 태양 비슷한 것이 보이기 시작했다.

다만 이 '태양'의 높이는 나의 가슴에 닿을 정도의 높이였으므로 말할 수 없는 기묘한 느낌을 품게 했다. 그리고 이 태양의 희미한 빛을 통해서 바라보니, 사막의 끝인 내 시야의 끝에 울퉁불퉁한 바위산들이 보였고, 그 산들 주위에는 고대 이집트의 벽화라든가 피라밋 안벽에 그려져 있는 것과 꼭 같은 기사라든가 사람들, 환상의 세계에 있는 동물 비슷한 것들이 공중에서 이리저리 돌아다니고 있었다.

내가 영계(이곳이 영계라는 것은 나중에 안 일이지만)에 들어가 최초의 영의 소리를 들은 것은 이때였다.

"그대는 이제야말로 영원한 영이 되었도다! 여기는 영계이니라."

나에게는 이 소리가 아주 먼 곳, 사막 끝에 보이는 바위산 쪽에서 들려오는 것처럼 생각되었다. 소리는 또 한 번 되풀이 되었다.

"너는 이제야말로 영원한 영이 되었도다! 여기는 영계이니라!"

그리고 그 소리와 함께 나의 눈 앞에는 하나의 사람의 모습 비슷한 것이 나에게 얼굴을 돌리고 서 있었다. 내가 얼마나 놀랐는지는 여러분들의 상상에 맡기기로 하자.

나의 기억은 놀라움의 소용돌이 속에서 주마등처럼 빙빙 회전하기 시작했다.

죽음의 사막을 방불케 하는 적갈색의 광막한 세계, 그리고 태양과 같은 것의 출현, 사막 끝에 있는 울퉁불퉁한 바위산과 전설 속에 나오는 인물이라든가 동물들의 움직임, 그리고 지금의 기이한 소리와 그 소리 임자의 돌연한 출연, 나의 마음은 잇달아 일어난 기묘한 사건의 연속에 정말 압도당하고 말았다.

나는 침착하게 이와 같은 여러 가지 사건이라든가 주위의 상황의 의미를 알려고 애썼다. 그러나 의미를 해독할 수 있는 실마리는 전혀 아무 것도 주어지지 않았다는 생각만이 앞설 뿐이었다. 잠시 후 나는 문득 알아 차렸다.

울퉁불퉁한 바위산, 환상 속에 있는 것 같은 인물이나 동물들, 그리고 죽음의 사막과도 같은 세계 자체까지도 알지 못하는 사이에 나의 시야로부터 사라져 버리고 없었다. 나의 이런 사실의 의문을 잠시 보류한 채 조금 전에 나타난 목소리의 임자에게 이 불가사의한 여러 가지 일에 관해서 물어 보았다. 그는 이렇게 대답했다.

"그대는 아직 영계에 익숙하지 못했노라. 이 영계에는 불가사의한 일이 얼마든지 있으니 그대도 이제 머지않아 이 영계에 익숙하게 되리라."

이 영의 대답은 나의 놀라움이나 흥분 따위는 아랑곳 없다는 듯 평온하기 그지없는 것이었다. 그리고 그 말이 끝나자 마자 조금 전까지 내가 보았던 광경이 또다시 나의 시야 속에 나타났다.

이상은 나 자신이 처음으로 영계에 들어갔었을 때의 경험을 그대로 적은 것이다. 나는 그 후 어느 정령에게 있어서도 처음으로 영이 되어 영계로 들어갈 때의 경험은 다소 차이가 있긴 해도 대개는 내가 경험한 것과 같다는 것을 다른 영으로부터 들어서 알게 되었다. 그러므로 이 경험은 모든 정령이 영계로 들어 갈 때에 겪게 되는 경험이라고 생각해도 좋을 것이다.

그러면 여기에서 내가 처음으로 영계를 경험했을 때 앞에서 말한 최초에 만난 영으로부터 들은 영계의 예비지식의 대략을 적어서 사람들에게 주는 '영계안내서'로 삼고자 한다. 그는 대략 다음과 같이 나에게 이야기해 주었다.

우선 영계는 영계의 태양 —그는 영계에 대해서 이 세상의 태양을 자연계의 태양이라고 말했다. —아래에 있는 영원한 세계라는 것, 그리고 내가 처음에 보았던 가슴 높이에 있는 태양이 바로 그것이며, 영계의 태양은 영계 전체에 대해서 자연계의 태양과 같이 빛과 열을 주어 생명을 유지시켜 줄 뿐 아니라 자연계의 태양에게는 없는 영류(靈流)라고 하는 독특한 흐름(눈에는 보이지 않음)을 영계에 방사하고 있다는 것. 또한 영계가 이 세상과 특히 다른 점은 표상의 세계라는 점이라고 그는 말했다.

그리고 내가 경험한 기이한 체험도 표상의 세계인 영계에서는 흔히 있는 아주 평범한 일에 지나지 않는다고 하면서 그 이유를 다음과 같이 설명해 주었다.

먼저 내가 최초로 보았던 적갈색의 사막 비슷한 세계, 그리고 저 멀리 보였던 바위산, 환상의 세계에서 나오는 것과 같은 인물이나 동물은 어느 것이나 다 내 자신이 인식하지 못하는 중에 그것을 보고 싶다고 희망했기 때문에 눈에 보이게 된 것이며, 그것은 현실로 존재하고는 있으되 보고자 하는 의사가 없고, 볼 수 있는 능력(그는 이것을 영시력(靈視力)이라고 하였다)이 영에게 구비되어 있지 아니하면 눈에 들어오지 않는다는 것, 그래서 처음에는 내 눈에 사막 비슷한 세계 밖에는 보이지 않았고, 다음에 바위산 등이 보이게 된 것은 약간이기는 하지만 나의 영시력이 영계에 다소 익숙해졌기 때문에 그것이나마 볼 수 있었다고 알려 주었다.

또한 도중에 이러한 광경들이 잠시 나에게 보이지 않게 되었던 것은 내가 딴 일을 생각했기 때문에 아직도 발달하지 못한 영시력이 흐려져서 그렇게 된 것이므로 별로 이상할 것은 없으며, 그리고 마지막으로 이 광경이 또다시 보이게 된 것은 실은 그 자신이 보이게 해준 것이라고 하면서 그는 무엇인가 뜻이 있는 표정으로 내 얼굴을 살폈다. 그리고 잠시 뜸을 들인 후 그는 그 이유를 설명해 주었다.

영은 상대방 영의 머리 속에 있는 생각이나 상념을 마치 자기의 것처럼 감지할 수 있는 능력을 가지고 있다. 그는 이에 의해서 내가 보고 있었던 광경을 자기 시야 안에 복사해 두었다. 그리고 나의 시야에서 이러한 여러 가지 광경이 사라진 후 또다시 그는 방금 자기 시야에 넣어 두었던 광경을 나의 상념 속에 던져 넣어 내가 그것을 볼 수 있게 해준 것이라고 말하는 것이었다.

또한 그는 영계의 태양만은 변함없이 나의 시야 안에 있었던 이유도 설명했다. 그 이유는 영계의 태양만은 다른 사물과 다른 존재이어서 표상의 대상이 되는 것이 아니라 모든 영에게 똑같이 존재하는 것이기 때문이라고 말하는 것이었다.

지금의 나에게는 그의 설명 전부를 완전히 이해할 수 있다. 그러나 사실을 말하자면, 그의 설명을 들었을 당시에는 나는 반쯤은 알 수 있을 듯 했고, 반쯤은 이해하지 못한 채 머리 속이 빙빙 돌아가는 것 같았었다.

나는 그 후 마침내 영계의 불가사의와 수수께끼 속에 깊이 파고 들어가게 된 셈인데, 이것을 차례차례 기술해 가기로 하겠다.

제**2**장

영계(靈界)의 전부

1. 영계란 어떤 세계인가?

내가 최초로 영계에 들어갔던 다음날 일이었다. 나는 어디에선가 나를 부르는 목소리가 들리는 것 같아서 눈을 떴다.

"너, 새로운 영이여, 새로운 영이여…"

그 목소리는 어제 영계에서 내가 처음으로 들었던 목소리의 주인공이었다. 그리고 어제와 마찬가지로 그 목소리는 아주 먼 데서 들려왔다.

나는 눈을 비비고 주위를 둘러보았다. 그러나 목소리의 주인공은 어제와 마찬가지로 내 눈에 띄지 않았다.

"새로운 영이여, 잠에서 깨어났는가!"

갑자기 나의 귓전에서 커다란 목소리가 들렸는가 했더니 하늘에서 떨어진 것처럼 그는 내 눈 앞에 갑자기 나타났다. 이런 방법으로 출현하는 것이 되풀이 되므로 나는 그에게 말했다.

"당신은 내가 새로 온 자라고 해서 놀리는 것이요? 당신은 처음에는 먼데서 말하는 것 같은 목소리를 내어 마치 먼데 있는 것처럼 보이고, 다음에는 갑자기 내 눈 앞에 나타나니 장난이 좀 지나치지 않소?"

그는 엷은 미소를 지으면서 말했다.

"그대는 그렇게 화를 낼 것까지는 없소. 내가 먼데에 있었던 것은 사실이오. 나는 지금 당신 눈 앞에 있지만 조금 전까지는 사실상 굉장히 먼 곳에서 당신에게 말을 했던 것이오. 나는 지금 수천 킬로미터나 떨어진 먼 곳에서 급히 달려온 것이오."

나는 그를 날카롭게 쏘아 보았다. 내 눈에 빤히 들여다보이는 거짓말을 하지 말라는 나의 비난의 내색을 알아차렸는지, 그는 다음과 같이 말하면서 나의 기분을 달래려고 하는 것이었다.

"당신도 머지않아 이러한 기이한 일을 이해하게 될 것이오. 지금 나는 당신이 이해하지 못한다고 탓하지는 않겠소. 나는 지금부터 당신에게 영계의 여러 곳을 구경시켜 주겠소."

영계의 광경

그와 나는 영계의 높은 산봉우리 위에 서 있었다. 그가 나를 이곳으로 데리고 왔기 때문이다. 나는 처음으로 보는 영계의 경관에 숨소리도 제대로 내지 못하고 서 있을 뿐이었다. 나의 눈 아래 펼쳐진 광경을 다음에 적어 보겠다.

─그것은 참으로 장대한 경관이었다.

내가 서있는 왼쪽 방향 저 멀리에 하늘을 찌를 듯이 높이 솟은 빙산들이 줄지어서 나의 시야를 가로막고 있었는데, 그 봉우리들의 높이라든가 한없이 길게 이어진 산맥의 모습은 내가 이제까지 상상조차 해보지 못했던 거대하고 장대한 것이었다.

이 연봉(連峰)이 내가 있었던 왼쪽 방향으로 보이는 가장 먼 경관이었는데, 그곳까지의 거리는 나에게는 이 세상의 땅위에서 보는 빛나는 별까지의 거리보다도 훨씬 더 멀게 생각되었다.

이 연봉은 나의 시야의 왼쪽으로부터 중앙을 향해 뻗어 내가 있는 곳의 정면 근처에서 끝나고 있었다. 그리고 그 산맥 끝에서부터는 더욱 먼 곳으로 파란 바다와 같은 것이 퍼져나가 있었다. 그것이 어디까지 퍼져 나가 있는 것인지 더 먼 곳은 나의 그 당시의 시력으로는 희미할 뿐 보이지 않았으므로 알 수가 없었다.

바다의 오른쪽으로는 사막과 같은 것이 있었고, 그 사막에는 바위산이 높게 혹은 낮게 갖가지 형태로 솟아 있는 것이 보였다.

사막이 나의 시야의 정면에서 오른쪽 끝의 중앙 근처에서 끝나자 또 그곳에서부터는 산들이 하늘을 향해 깎아지른 듯이 솟아오르고 있었다.

그 산들의 높이도 먼저의 빙산처럼 높기는 했으나 훨씬 더 온화한 모습을 하고 있었다. 산에는 땅 위에 있는 산들처럼 나무나 풀이 무성해서인지 녹색을 띠고 있었다.

이상이 내 시야에 들어온 경관이었는데 나와 이 산맥과의 사이에는 혹은 멀리 혹은 가까이에 실로 수없이 많은 것들이 있었다. 즉, 그곳이 바로 영들이 사는 곳이었다.

그 세계에는 강이나 언덕도 나지막한 구릉도, 또 풀밭도 계곡도 있었다. 나무가 무성한 지역도, 산이 벌거벗어 붉은 흙이 보이는 곳도… 즉, 이 세상에 있는 모든 것과 꼭 같은 것들이 있었다.

그 밖에 도시의 거리처럼 보이는 곳도 또 마을처럼 보이는 곳도 있었으며, 그 곳에는 영들의 사는 집이 혹은 처마를 잇대어 연달아 있기도 하고 혹은 여기저기에 산재해 있기도 했다. 물론 영들의 모습도 많이 보였다.

영도 몸을 갖추고 있다

수많은 영들을 보자 갑자기 나의 마음에는 그때까지 느끼지 못했던 의문을 품게 되었다. 영들이 육체를 갖추고 있다, 이것이 과연 정말일까? 내가 지금 환상을 보고 있는 것은 아닐까?

나는 뜻하지 않게 일어난 이 의문에 스스로 놀랐다. 이것은 생각해볼수록 정말 이상한 일이었다. 왜냐하면 나 자신이 지금은 영이 되어 있고, 어제부터 줄곧 나를 인도해 온 영을 내 눈으로 직접 보면서도 이 의문을 지금에야 느꼈기 때문이었다.

나는 그에게 들어보려고 했다. 그러나 그는 내가 묻는 것보다도 더 빨리 벌써 나의 마음속의 생각을 알고 있었던 것이다. 그는 나에게 말했다.

"당신이 의문을 갖는 것은 당연한 일이오. 그러나 당신이 지금 눈으로 보고 있는 사실들은 모두 진실이며 당신의 환상은 절대가 아니오. 우리 영들은 모두 인간과 똑같은 영체를 갖고 있으며, 이것은 조금도 이상한 일이 아니오. 새로 영이 되면 대개 이러한 의문을 품게 되는데, 많은 사람들이 세상에 있을 때 잘못된 생각을 갖고 있었던 결과이오."

그리고 계속해서 다음과 같이 설명해 주었다.

영은 인간과 똑같이 신체를 갖추고 있다. 다만 영계는 인간계처럼 물질계 속에 있는 것이 아니므로 영이 갖추고 있는 인체는 인간과 같은 물질적 육체라고 하는 골육을 갖고 있지는 않다. 그러나 많은 사람들이 생각하고 있는 것처럼 영이 무슨 공기라든가 에테르나 정기와 같은 것이라고 생각한다면 그것은 틀린 생각인 것이다. 이 것은 이미 당신도 확실히 알고 있겠지만 영에게는 인간의 육체의 기능에 해당하는 눈, 귀, 코 등의 감각을 모두 갖추고 있으며, 입과 혀로 말을 한다는 것도 역시 당신에게 새삼스럽게 설명할 필요가 없을 것이다.

여기까지 말한 후 그는 다시 말을 이어서 내가 정령계에 대해서 말했을 때 한 것과 같이 세상 사람들을 잘못 이끌어 가고 있는 세상의 학자들이나 종교 관계자들의 영에 대한 인식의 천박함을 비난했다. 그리고 다시 다음과 같이 말하는 것이었다.

"내가 지금 말한 것 외에 영에는 영적 감각과 영적 능력이라고 하는 것이 갖추어져 있소. 이것은 사람에게는 없는 것이오. 그러나 나는 지금 이에 대해서 말하지 않겠소. 당신이 영계에 익숙해짐에 따라 스스로 알 수 있게 될 테니까."

그는 이렇게 말한 후 미소를 머금으면서 이 기회에 덧붙여 둔다는 투로, 아까 그가 무한이라고도 할 수 있는 먼 곳에서 갑자기 나타나 나를 노하게 만든 것도 영의 능력의 한 부분이며, 영계에서는 지극히 당연한 일이라고 말하는 것이었다.

나는 그의 이야기를 들으면서도 눈 아래 펼쳐지는 경관에서 시선을 떼지 않았다. 그리고 알게 된 것은 마치 인간계의 도시나 촌락처럼 영들이 이곳저곳에 하나의 집단을 이루어서 생활하고 있는 듯하다는 것이었다. 왜냐하면, 같은 도시나 마을 안에 있는 영들의 모습이 어딘가 모르게 공통적인 특징을 지니고 있는 것처럼 보였고, 또 같은 도시나 마을의 영끼리 이야기를 나누는 친밀함에 비해서 도시나 마을의 경계지대에서 볼 수 있는 다른 도시나 마을의 영들과의 사귐은 그다지 친밀한 것같이 보이지 않았기 때문이다. 그리고 집 하나를 들어 말하더라도 한 도시나 마을과 다른 도시나 마을의 것 사이에는 현저하게 차이가 있음을 알 수가 있었다.

무수하게 많은 영계의 단체

그는 나를 대여섯 곳의 도시와 마을(이것이 영계의 단체라는 것은 후에 알게 되었다)로 안내해 주었다. 거리는 이 세상 도시의 거리와 별 차이가 없는 듯 하였으나 다만 다른 것은 하나의 도시면 도시, 촌락이면 촌락이었으며, 그곳에 있는 모든 집이 석조면 석조, 또 목조면 목조, 혹은 흙집이면 흙집으로 하는 식으로 똑같은 재료로 더구나 똑같은 구조로 건축되어 있다는 점이었다.

또 같은 거리나 마을에서 보는 영의 용모라든가 성격에는 설령 얼굴 생김생김이나 외형은 다르다 하더라도 모두가 어딘가 공통되는 성질을 갖고 있으며, 그 서로 닮은 점은 이 세상의 부자 사이, 형제자매 사이보다도 더하고 친밀도도 그 이상이었다는 점, 그리고 또 한 가지 특히 눈에 띈 것은 어느 도시나 촌락도 원형의 구조이고, 그 중심에는 가장 덕망이 높고 위엄이 있는 듯한 영이 살고 있고, 원의 중심으로부터 차차 바깥쪽으로 나아갈수록 조금씩 중심에 있는 영보다는 못한 것 같다는 느낌이 들었다.

내가 도시와 마을을 따라 다닐 때에 사소한 두 가지 사건이 일어났다.

어떤 도시를 방문했을 때였다. 이때 나는 이 도시 안으로 발을 들여놓기 전부터 어쩐지 이 거리가 나의 거리라는 느낌이 들었다. 거리로 들어가자 영들이 집 안에서 혹은 골목에서 일제히 쏟아져 나와 우리들을 에워쌌다.

이 영들의 용모나 모습을 본 나는 정말 놀랐다. 왜냐하면 어느 얼굴을 쳐다보아도 내가 이미 몇 천 년 전부터 알고 있던 친숙한 얼굴들이라는 생각이 들었기 때문이다. 또 그들은 나를 보더니 아주 친한 사람에게 대하듯이 맞아 주었다. 어느 얼굴에도 환영의 기쁨이 넘쳐 있었다. 나는 왠지 모르게 마음 속이 온화해지는 것을 느꼈다. 그것은 마치 태어나서 오랫동안 살았던 고향을 떠났다가 몇만 년만에 다시 그리던 고향으로 돌아온 것 같은 기분이 들었던 것이었다.

또 한 가지는 어떤 다른 촌락에서의 일로서, 그가 나를 데리고 마을 안을 걷고 있었을 때 아는 사이인 영을 만났는데그 영과 곧 이야기를 시작했다.

나는 그 영의 뒤쪽으로 돌아가서 그 영의 어깨 너머로 마을 안의 광경을 둘러보려고 했다. 그러자 그때 그의 시선이 번쩍 빛나면서 나를 쏘아보는 것같이 생각되었다.

다음 순간 나는 어떤 영문인지도 모르는 사이에 땅바닥에 내동댕

이쳐졌다. 그는 내 손을 잡고 일으켜 주면서 이렇게 말했다.

  "사람(영)의 뒤로 돌아가는 것은 영계에서는 가장 예의에 벗어난 행위이오. 앞으로는 각별히 조심하시오."

  영계의 거리와 마을을 어깨를 나란히 하고 다닌 후 그는 다시 나를 방금 전에 올라갔던 산꼭대기로 데리고 갔다. 그리고 눈 아래 펼쳐지는 도시와 마을을 가리키면서 영계의 단체에 대해서 설명해 주었다. 그는 대충 다음과 같이 말했다.

  —영계에는 무수한 단체가 있고, 그 단체가 하나 하나의 도시나 촌락을 형성해서 함께 살고 있다. 영계의 단체 수는 아마도 수천억, 아니 그보다도 훨씬 더 많을지도 모른다. 영계에 이렇게 많은 단체가 있는 것은 영이 되어 육체의 속박을 벗어난 후에는 인간이 그 본래의 모습으로 돌아가 참다운 영적 성격을 되찾은 결과이다. 이것은 영원한 삶을 보내는 영계에서의 영이 자신을 속이려고 하지 않을 뿐더러 본래의 성격으로 되돌아가지 않으면 살아 나갈 수 없기 때문이며, 본래의 성격이 서로 맞는 자들끼리만 함께 모여서 단체를 만들어 생활하게 되므로 성격이 다양함에 따라 무수히 많은 단체가 생기기 때문이다. 한 도시, 한 마을에 있는 집의 구조가 같고 그곳의 분위기가 각각 같은 것은 그곳에서 살고 있는 영의 성격이 완전히 일치하기 때문이다. 그리고 나서 그는 나의 의문을 풀어 주기라도 해야 되겠다는 듯이 다음과 같이 말을 이었다.

  —원형을 형성해서 영들이 살고 있는 것은 영계의 한 가지 질서를 나타내는 표시이다. 중심에 살고 있는 영을 중심령(中心靈)이라고

하여, 유일하게 그 단체의 질서를 유지하는 임무와 권위와 힘을 갖고 있다.

또 내가 어떤 단체에서 환영을 받고 자신도 고향에 돌아간 듯한 포근함을 느낀 것은 조금도 이상할 것이 없으며, 나는 그 단체에 속해야 될 영으로 이미 결정되어 있기 때문이라고 말했다. 그리고 영의 등 뒤에 서는 것이 예의에 벗어난 행위라고 하는 영계의 기이한 예법에 대해서는 그런 행동을 하면 앞에 있는 영이 영계의 태양으로부터 받는 영류(靈流)의 흐름을 혼란케 하여 그 영에게 고통을 주기 때문이다. 왜냐하면 영류는 각 영의 얼굴로부터 흘러 들어와서 뒤쪽으로 흘러 나가는 것이기 때문이라고 했다.

여기까지 이야기가 끝나자 그는 영류의 이야기에서 기억이 났는지 다음과 같이 말했다.

"당신이 영계에서 알아두어야 할 일은 아직도 많소. 아까 말한 중심령의 힘, 방금 말한 영류의 이야기 등, 이 모든 것은 영계의 태양에 관해서 알지 못하고서는 올바르게 이해할 수가 없소. 근간에 영계의 태양에 대해서 이야기해 주겠소. 그러나 그 이야기를 하기 전에 내가 그대에게 아직 보여줄 것이 있으므로 그 일을 먼저 하기로 합시다."

영계에는 3가지 세계가 있다

"저쪽에 수평의 막과 같은 것이 당신에게 보이지 않는가?"

그는 먼 하늘을 가리키면서 나에게 말했다. 나는 그가 가리키는 쪽을 보았지만, 아무 것도 없는 하늘뿐이었으며, 그야말로 문자 그대로 공(空)이었다.

"그대의 영적 시력이 아직 뜨이지 않았군. 내가 표상으로서 그대에게 보여주리라."

그가 그렇게 말하자, 그 하늘 한 구석에 아주 엷은 막과 같은 것이 수평으로 떠 있고, 그 위에 우리가 있는 세계와 같은 세계가 또하나 있는 것이 보이기 시작했다. 흡사 그것은 하늘 가운데 붕 떠있는 세계로 밖에는 보이지 않았다. 그는 내가 놀라는 것을 모르는 체하며 손가락으로 가리키면서 말을 이었다.

"저 세계에서 그대는 이 세계와 같은 것을 볼 수 있으리라. 또 수많은 영의 모습도 거리도 들도 산도 볼 수 있으리라. 그 세계도 역시 영계이다. 영계에는 3개의 세계가 있는데 나는 이제부터 그것을 그대에게 가르쳐 주리라."

그의 말을 따라 그 세계는 갖가지 것을 내 눈앞에 나타내기 시작했다. 그러나 나의 놀라움은 그것으로 그치지 않았다. 그가 그 세계의 위쪽을 가리키면서 다음과 같이 말했기 때문이다.

"저 세계의 공중에서도 엷은 하늘의 막을 그대는 볼 수 있을 것이다. 그 막의 위쪽을 다시 한 번 보도록 하라."

놀랍게도 공중 세계의 더 위쪽 하늘에도 똑같은 공기의 막이 수평으로 끝없이 이어졌고 그 위에 또 다른 세계가, 즉 들과 산과 바다와 도시와 촌락이, 그리고 영들의 모습이 보이는 것이었다.

그는 여기까지 보여 주고 난 후 설명하기 시작했다.

—영계에는 3개의 세계가 있다. 그것을 상·중·하의 3세계라고 한

다. 3세계는 영계라는 점에서는 똑같고 성질도 비슷하지만, 3세계에 사는 영의 성질에는 주로 그 영의 인격적 높이라는 점에서 차이가 있다. 상세계(上世界)에 사는 영은 영으로서 마음의 창문이 가장 활짝 열려 있고, 중세계(中世界)는 그 다음이고, 하세계(下世界)는 중세계보다도 열등하다. 이 영의 성질을 차이에 따라서 3세계의 양상에는 여러 가지 점에서 정도의 차이가 생기는 것이다. 그러나 그 자세한 것은 스스로의 눈으로 직접 보는 것이 제일 좋다.

영계의 대궁전

지금 내 자신의 눈 앞에 펼쳐진 광경보다도 더 아름다운 것을 나는 이 지상에 있을 때 본 일이 없었다. 그곳은 그가 말하는 상세계인데, 나는 지금 그를 따라 거대한 궁전과 그 궁전을 둘러싸고 있는 거리에 와 있었다.

이 궁전은 이 세상의 말로서는 도저히 표현할 수 없는 장대하고 화려함의 극치를 이루고 있었다. 또 이것과 비교할 수 있는 훌륭한 건조물은 이 세상에는 있을 수가 없는 것이었다.

지붕은 금기와로 이은 것 같은 찬란한 빛을 발하고, 또 벽과 바닥은 화려한 형형색색의 보석으로 만들었다고 밖에는 생각되지 않았다. 궁전 안의 방들과 복도 등의 장식에 이르러서는 언어로는 표현하지 못할 훌륭한 것이었다.

궁전의 남쪽에는 틀림없는 낙원이라고 할 수 있는 정원이 있었고, 그 정원에 있는 것들도 하나에서 열까지 궁전처럼 휘황찬란하게 빛나는 것뿐이었다. 정원 안에는 은과 같은 나무에 금처럼 빛나는 열매가 맺어 있기도 했으며, 꽃들의 아름답고 우아함은 소위 천국에 오른 것과도 같은 황홀한 것이었다.

궁전 주위 거리에는 영들이 살고 있었는데, 그 거리도 영들이 사는 집들도, 궁전에 뒤지지 않으리만큼 훌륭한 것이었다.

주택에는 방이 많았고, 안방과 침실 등도 따로 따로 있었다. 주택 주위를 둘러싸고 있는 정원은 꽃이 만발해 있었고, 수목이 우거져 있었으며, 또 논밭도 있었다.

영들의 주택은 도시의 거리처럼 질서정연하게 배열되어 있었고, 길들 또한 정리가 잘 되어서 아름답게 거리를 조성해 좋은 것을 볼 수 있었다.

영들이 입은 옷도 새하얀 눈처럼 희고 빛나는 것이었다. 궁전도 거리도 빛이 가득 차 밝았으며, 영들의 얼굴도 행복에 겨워 빛나고 있었고, 그들의 눈에는 높은 이성과 진리를 터득한 대오(大悟)를 나타내는 빛이 깃들어 있었다. 아름다운 광경에 취해서 넋을 잃고 있던 나에게 그는 말했다.

"영계의 3세계중 상세계(上世界)는 이와 같이 아름답고 그리고 대오(大悟)와 빛에 빛나는 세계이다. 상세계의 영들은 이와 같은 아름다운 세계 안에서 영원한 삶을 영위하고 있는 것이다. 그들의 삶은 참으로 천국의 행복에 가득 차 있는 인간의 경우와 조금 다르다. 인간들은 이와 같은 세계에서 행복한 삶을 보내게 될 때에는 무엇보다도 그 눈을 즐겁게 한다. 그러나 그들 영들을 즐겁게 해주는 것은 이 세계에서는 눈이 아니라 이들 아름다운 사물에 의해서 표상(表象)

되는 영의 마음을 즐기고 있는 것이다."

내가 그를 따라 다니면서 알게 된 3세계의 차이점은 대체로 다음과 같은 것이었다.

영계의 중(中)·하(下)세계가 되면, 궁전은 물론이고 거리도, 주택도 그 밖의 일체의 것이 상세계의 그것들만큼 아름답고 빛나는 것이 아니었으며, 또 영들이 느끼는 행복도 그에 상응하고 있다는 것, 그리고 태양으로부터 내리비치는 빛도 상세계만큼 밝지 못하다는 것. 상·중·하 3세계는 공기의 막과 같은 것으로 가로막혀 있어서 서로 영들의 교류나 교통은 없고, 이점은 각각 그 사이에 교류하고 교통이 있는 같은 세계 안의 단체끼리의 경우와는 다르다는 것 등이었다.

영류를 보내는 영계의 태양

"나는 지금 영계의 태양에 대해서 당신에게 말하려고 한다. 태양은 우리들에게는 신과도 같은 존재이며, 영계의 모든 것의 기초는 태양이다. 영계는 태양이 있으므로 해서 존재할 수 있는 것이므로 나는 이에 대해서는 좀 더 상세하게 말하리라."

내가 최초로 영계에 들어갔을 때, 가슴 정도의 높이에 있으면서 움직이지 않는 태양을 보고 놀랐었다는 것은 이미 앞에서 말한바 있다.

"모든 생명이 있는 것은 생명의 원천과 이어짐으로써 비로소 생명이 있는 것이며, 그 생명을 유지할 수 있다. 원천과 연결되지 못하고는 생명은 있을 수 없다. 영계의 영은 모두가 태양과 연결되어 그 영원한 삶을 향유하게 되는 것이다."

그는 이렇게 강조하고 나서 태양에 대해서 이렇게 이야기를 하기 시작했다.

"영계의 태양은 그 빛이 영계를 비추어 영들에게 사물을 보게 하고, 또 사물을 생각하는 이성(理性)의 기초가 되고 있다. 그 열은 영들에게 생명을 부여하고 있으며, 영계의 태양은 영류(靈流)라고 하는 흐름도 영계 전체에 보내고 있어서 이것이 영계의 질서를 지키는 한편, 영의 영적 능력의 기초가 되고 있다. 이 영류의 존재야말로 영계와 자연계(이 세상)의 성질을 전혀 다른 것으로 만들고 있는 근원이다.

영류에는 두 종류가 있는데 하나는 직접 영류, 또 하나는 간접 영류라고 한다. 직접 영류는 태양으로부터 각 세계, 각 단체의 하나하나의 영에 주입되어 영적 능력의 기초가 되며, 간접 영류는 태양으로부터 보내진 후 상세계를 거쳐서 중세계로, 중세계를 거쳐서 하세계로 흘러 들어간다. 또 각 세계의 영은 각 세계에 흘러 들어온 간접 영류도 직접 영류와 함께 받아들이고 있다. 간접 영류는 이와 같이 영계 전체의 각 세계, 각 단체와 모든 개개의 영을 연결하여 영계 전부의 질서를 유지하게 하고 있다. 또 만약 간접 영류가 없으면, 영계는 산산히 분해되고 존재할 수조차 없게 될 것이다.

영계의 태양은 영의 생명과 영계의 질서의 기초이다. 앞에서 말한 단체의 중심령의 힘의 기초는 이 영류이며, 또 영계의 색다른 예의도 실은 이 영류의 흐름을 혼란에 빠트리지 않기 위한 것이다."

2. 영(靈)의 상념(想念)의 교류

영계의 들판을 걷고 있었던 그 영(靈)은 심장 속을 무엇인가에 가볍게 두들겨 맞은 것 같은 느낌이 들었다. 자기 심장 내부에 다른 생물이 있을 리가 없는데, 그 느낌은 마치 작은 생물이 그곳에 있어서 작은 손가락 끝으로 가볍게 찌르고 있는 느낌이었다. 그리고 그 생물은 그에게 무엇인가 말을 걸고 싶어 하고 있었다. ―그는 그렇게 느꼈다.

그는 주위를 둘러보았다. 주위를 둘러 본 그는 멀리 떨어져 있는 강 건너편 어디에선가 본 듯하지만 너무 멀어서 확인할 수가 없는 한 사람의 영을 보았다.

'나를 부르고 있는 자가 저쪽 강가에 있는 저 사람일까?'

그는 문득 그런 생각이 들었다. 그래서 그는 잠시 그대로 강 저편 강가를 응시하고 있었다. 그러자 잠시 후 또 아까 보았던 얼굴이 나타나 이번에는 점차 뚜렷해져서 얼굴 모습도 확실히 볼 수 있었다.

"당신은…"

그는 조용히 중얼거리면서 그 얼굴에는 그리움과 놀라는 표정을 띠었다. 저쪽 강가에 보인 것은 지상인간으로서 그가 죽어 영계에 들어오기 30년 전에 죽은 옛 친구의 얼굴이었다.

이들 두 영은 멀리 떨어져서 서로의 얼굴을 열심히 보고 있었다. 그러자 상호간에 상대방 영의 마음속에 생각하고 있는 것을 알 수 있게 되었다.

그는 상대방의 영이 생각하고 있는 일이 그 영의 몸의 중심부로부터 조그마한 덩어리가 되어 몸 안으로 올라가 그것이 얼굴에 나타나 밖으로 나오는 것을 보았다. 그의 생각이란 그에 대한 물음이었다. 그는 그에게,

"당신은 언제 이 영계로 왔는가? 어느 단체에 속해 있는가? 또 그 단체의 영적 성질은 어떠한가?"

라고 물어오고 있었다. 그는 마음속에서 이 물음에 대한 대답을 생각하고 있었다. 그러자 이 대답은 똑같이 그의 얼굴에 나타나 상대방의 영에 전달된 것 같았다. 상대방의 얼굴에서 그것을 읽을 수 있었던 것이다.

"그 단체라면 나도 알고 있다. 우리 단체와 성질이 비슷하다. 그대는 영계에 얼마나 익숙해졌는가?"

상대방 영의 얼굴은 이렇게 말하고 있었다. 그리고 이와 동시에 상대방 영의 머리 위의 공중에 그가 아직까지 전혀 보지 못했던 풍경이 떠올랐다. 그 풍경은 넓은 사막과 그 안을 구불구불 흐르고 있는 강, 그리고 강 상류에는 산들이 이어져 있고, 강은 산 사이로 들어가 계곡이 되어 보이지 않았다. 계곡에는 영들이 몇 천 명이나 모여서 살고 있었다. 상대방 영의 얼굴은 아직도 그에게 말을 하고 있었다.

"그대 단체의 표상을 나에게 보여다오."

그는 되물었다.

"표상? 그것이 무슨 말인가. 나는 그 뜻을 알 수 없으므로 그 뜻이 무엇인지를 먼저 가르쳐다오."

대답이 돌아왔다.

"그대는 내 머리 위에 보인 표상을 보지 않았는가? 표상이란 그것을 말한다. 그대의 표상이 나에게는 보이지 않는다. 그대는 아직껏 표상을 나타내는 것을 배우지 않았는가?"

이때 비로소 그는 아까 상대방의 머리 위에서 본 상(像)이 표상이었음을 알았다. 이 표상은 상대방 영의 단체가 어떤 곳에 있는가를 그에게 알려 주는 것이었다.

두 영은 그 후 잠시 상념의 교류를 계속한 후 끝냈다. 상념의 교류가 끝나자 그의 눈앞에서 상대방 영의 얼굴은 사라지고 그의 눈에 보이는 것은 오직 강과 얼마 전까지 영이 서 있었던 하늘뿐이었다.

나는 이제까지 상념의 교류라든가 표상이라든가 하는 것을 자세히 설명도 하지 않고서 몇 번인가 적었다. 나는 여기에서 그것을 좀 더 설명해 두겠다.

영계에서의 상념의 교류는 여기에 든 예와 같이 얼굴만을 서로 바라보는 것과 말이나 글자를 쓰는 것 등이 있는데 간단한 일은 얼굴을 보는 상념의 교류만으로 대개는 상대방에게 서로 통할 수 있는 것이 영의 세계이다.

상념의 교류는 이 예에서 미루어 알 수 있듯이 한 사람의 영(이 예에서는 그의 상대방의 영)이 다른 영과 상념의 교류를 하고 싶다고 생각하여 그 영의 얼굴을 생각해 내면, 그것만으로 상대방 영의 얼굴이 눈앞에 보이게 된다. 그리고 상념의 교류를 요구받은 상대방은 그가 느낀 것과 같은 어떠한 부르는 소리(그는 심장의 내부를 두들기는 것으로 알았다)를 느끼고 교류의 요구에 응하게 된다. 그리고 상념은 상대방 영의 표정 위에 보이는 형태를 취해 나타나게 된다.

또 상념을 교류하는 보조수단으로 되어 있는 것이 표상이다. 이 표상은 그것을 나타내는 영에게는 자기 스스로도 의식하지 못하는 사이에 머리 위에 훨씬 더 뚜렷한 이미지나 심벌의 형태로 나타나게 된다.

이것과 얼굴의 표정에 의한 상념의 전달이란 두 가지 방법에 의해서 영은 서로 상대편이 생각하고 있는 것이나 느끼고 있는 것을 알게 된다.

3. 무한히 연장되는 영(靈)의 상념

그 영은 그때, 그때까지 자기의 시야 안에 있으면서 시야를 가리고 있었던 커다란 숲이 흔들흔들 흔들림과 동시에 마치 아지랭이와도 같이 건너편을 투시할 수 있는 것으로 변해 버린 것을 느꼈다. 그리고 지금은 공기의 막이 된 숲의 저쪽 편에 그때까지는 보이지 않았던 하나의 광경이 보이기 시작했다.

그것은 이 세상의 것으로 예를 들어서 말하자면 몇 천 년이나 지난 고대풍의 장대한 전당과 이집트의 피라밋을 몇 십 배 크게 한 것 같은 건축물이 그 전당의 주위를 둘러싸듯 서 있는 광경이었다.

전당의 입구는 하늘까지 닿을 듯한 커다란 그리고 견고한 문이 꼭 닫혀 있었다. 어떻든 그의 시야를 가로막고 있었던 숲이 갑자기 투명한 공기의 막과 같은 것으로 변하고 그리고 지금은 그 막의 존재조차도 그가 알지 못하게 되어 버리고 만 것은 무슨 까닭일까? 사실은 그는 꽤 오래 전부터 어느 영의 일이 머리에 떠올라 그 영과 상념의 교류를 하려 하고 있었다고 그는 생각했다.

그 영과 정령계에 있었던 때 이래 한 번도 만난 일이 없다. 그것은 벌써 2천년이나 지난 옛날의 일이었는데 그는 지금 무엇을 하고 있을까? 그러나 상념의 교류를 원하는 그의 희망에 반하여 그 영의 얼굴은 좀처럼 그의 눈에 보이지 않았다. 그는 이상하다고 생각했었는데 얼마 후 자기의 내적인 능력에 의해서 상념의 연장을 해볼까 하는 생각이 들었다.

그러자 얼마 후 그의 시야를 그때까지 가리고 있었던 숲이 아지랭이처럼 되어 앞에서 말한 광경이 그의 눈에 들어오게 된 것이다. 그러나 이 광경 속에서도 그가 상념의 교류를 바랐던 영의 얼굴은 역시 나타나지 않았다. 그는 다시 한 번 내적인 영능력의 강화에 힘썼다.

견고하게 보였던 입구의 문이 이번에는 먼저 번 숲과 같이 흔들흔들 흔들리더니 반투명한 것이 되었다. 그리고 반투명이 되었기 때문에 겹쳐서 그 친구의 얼굴이 희미하게 보이더니 그것이 차차 뚜렷한 것이 되어 갔다.

그 친구도 그가 상념의 교류를 바라고 있다는 것을 알아 차렸는지, 그의 얼굴을 좀 더 잘 보려고 하는 얼굴 표정이 되었다.

그는 친구의 얼굴을 지켜보면서 마음속에서 물었다.

"당신은 요즈음 어떻게 지내는가? 또 지금 무엇을 하고 있는가?"

그러자 이 물음에 대답을 하는 듯 그의 몸 안에 몇 개의 물체와 같은 것이 들어오는 것을 느꼈다. 이윽고 그는 그 물체들을 몸 안에서 확실한 영상으로 볼 수가 있었다.

그 영상은 영계의 문자를 빈틈없이 써 넣은 두툼한 장부와 작은 모래알이 무수히 들어 있는 한 상자였다. 그는 이 상자로부터 어째서인지 그 이유는 잘 모르지만 직감적으로 어떤 일을 느꼈다.

그는 상자 속에 들어 있는 모래알은 그 친구가 속해 있는 영계의 단체 영들이며, 장부는 그 단체의 호적부와 같은 것이라고 생각했던 것이다. 그러나 이것만으로는 그가 알고자 원했던 것을 알기에는 너무나도 부족했다. 그는 앞서와 마찬가지로 마음속으로 다시 그 친구에게 물었다.

이번에는 전당 전체가 흔들렸다. 그리고 전당 바깥 벽도 안에 있는 방안까지도 들여다 볼 수 있었다. 친구가 거처하는 방은 특히 명확하게 보였다. 그리고 그 방안에는 그의 몸 안으로 전에 보내졌던 장부와 모래 상자와 똑같은 것이 방안에 꽉 들어차 있었으며, 친구인 영 이외에도 수십 명의 영들이 있는 것이 보였다.

그런데 이 영들은 무엇인가 그림자와도 같은 존재로 얼굴의 외형만 보일 뿐, 얼굴 생김생김이 어떻게 생겼는지는 알 수 없고 매끈한 공처럼 밖에는 보이지 않았다.

친구인 영의 머리 위에는 숫자와 같은 것이 춤추기도 하고 뛰어오르기도 하였다. 동시에 방안에 쌓여 있는 상자 속의 수십 알의 모래가 번쩍번쩍 빛나면서 상자 밖으로 뛰어 나와 친구인 영의 머리 위에서 빛나면서 뛰어 오르고 있었다.

또 마치 이것과 호응하듯이 그의 몸 안으로 전부터 보내져 있었던 상자 속의 모래알 몇 알도 그의 몸 안에서 빛나는 것이 그에게도 알 수 있었다.

그 다음에 모래알은 그가 인간이었을 때에 알고 지냈던 사람의 얼굴이나 그가 알고 있었던 역사상의 인물의 얼굴이 되어 그를 놀라게 했다.

이 빛나는 모래알은 전부 친구인 영과 같은 단체에 속하는 영 중에서도 그와 무엇인가 관계가 있는 자들이었던 것이다.

또 계속해서 그들 두 사람은 여러 가지 통신을 주고받았다. 그들의 상념의 교류가 끝나자 전당 안의 방도 친구의 얼굴도 장부도 모래상자도 모두 사라지고, 그의 시야 끝에는 또다시 최초에 그의 시야를 가로막고 있었던 숲이 나타나고 그는 맨 처음에 있었던 장소에 있는 자기를 발견했다.

인간에게는 벽 저쪽을 보거나(투시) 물건에 손을 대지 않고도 차다든가 뜨겁다든가를 느끼며, 귀를 사용하지 않고 소리를 듣거나, 하물며 타인의 마음속에 있는 생각을, 어떤 형태를 이루고 있는 것으로서 본다는 것은 불가능한 일이다. 그러나 영에게는 이런 일쯤은 보통으로 할 수 있는 일이다. 영에게도 눈이나 귀는 있으므로 직접 보던가 듣던가 할 수도 있으나 그렇지가 못할 때는 영은 내시력(內視力)이나 내청력(內聽力)이라고 하는 영 특유의 능력을 사용해서 보거나 듣거나 하게 된다.

지금 든 예에서 그가 맨 처음에 상념의 교류를 이루지 못했던 것은 친구의 영이 숲 저쪽에 더구나 전당 안에 있었기 때문인데, 그는 곧 이것을 깨닫고 내적 능력을 사용했기 때문인 것이다. 친구로 부터의 상념이 그의 몸 안으로 뛰어 들어온 것은 그가 내적 능력을 사용했기 때문인 것이다.

그러면 어째서 영계에서는 이런 일을 그렇게 손쉽게 할 수 있을까? 그것은 영계에는 영류(靈流)라고 하는 인간계에는 없는 흐름이 있어서 영계 전체를 그 속에 포함시키고 있기 때문이다.

모든 영상은 이 영류를 타고 영계 안 어디에나 운반되어 간다. 영류는 물론 산이나 바위도 그리고 전당의 벽이나 문이라도 자유롭게 통과해 버린다.

영계에서도 거의 없는 일이긴 하지만, 상념의 교류를 하고 있는 당사자인 영 이외의 제3자에게 영류를 타고 운반되는 영상이 눈에 들어오는 일이 극히 드물게 있다.

나 자신이 단 한번 뿐이긴 하나 하늘을 날아가는 대산맥을 보고 기겁을 했던 일이 있다. 이것은 대산맥이 날아간 것이 아니라 영류를 타고 운반되는 영상이 제3자인 나의 눈에 보인 것에 지나지 않았다.

4. 영계생활의 여러 가지

영계의 장군과 목사 이야기

그 두 사람의 영은 어느 쪽이나 이 세상에 있었을 때에는 꽤 이름이 나 있던 인물들이었고, 사람들에게도 잘 알려져 있던 분들이었다. 한 사람은 덕망이 높은 목사였고, 또한 사람은 용감한 장군이었다.

목사는 영계에서도 이 세상에 있었을 때와 마찬가지로 열심히 설교를 하고 영들에게 덕(德) 있는 생활이라고 하는 것을 설명하고 다녔다. 그는 언제나 자기의 설교를 다음과 같은 말로 시작했다.

"너희들 죄 많은 영들아, 내가 말하는 하나님의 가르침을 믿고 하나님께서 말씀하신 생활을 실천해야 된다. 그러면 너희들은 하나님의 용서를 받고 구원을 받으리라."

그는 계속해서 대체로 다음과 같은 설교를 했다.

"지금 이 영계에 와 있는 영들은 원래 죄 많은 인간으로서 태어났음에도 불구하고 세상에 있었을 때에 열심히 하나님의 가르침을 듣지 않고, 또 그 가르침에 따른 바른 생활을 보내지 않았다. 그러므로 인간이었을 때에 그들은, 그래서 천국에 가지 못하고 지금 이 영계로 들어오게 된 것이다. 그러나 회개가 너무 늦다는 일은 없다. 하나님은 자비로우시므로 지금부터라도 용서해 주신다. 그렇게 되기 위해서는 내가 영계에서 설교하는 하나님의 가르침에 따라 영계에서 덕이 있는 생활을 하라. 그러면 너희들도 천국으로 들어갈 수 있으리라. 나는 이것을 설명하기 위해서 특히 신에 의해서 이 영계로 파견된 자이다."

그러나 영계에는 아깝게도 그의 가르침을 열심히 듣는 사람은 거의 없었다. 그는 이것을 슬퍼하고 동시에 영들을 다음과 같이 위협하고 있었다.

"너희는 내가 말하는 하나님의 가르침을 들을 수 있는 귀를 갖지 못한 자들이다. 너희가 회개하지 않는 한 반드시 그 죄 값을 받으리라."

그리고 그는 죄의 내용을 알려 주었다. 그것은 머지않아 영계에도 노아의 대홍수가 일어나 회개하지 않는 자들을 전부 영계에서 추방하고 목숨을 빼앗으리라.

또한 특히 죄가 많은 영들은 그 홍수가 있기 전에 하늘에서 떨어지는 큰 바위 밑에 깔려서 멸망하리라는 내용이었다. 또한 그는 산맥 근처에 있는 영의 단체에게 설교하되, 사람들이 그의 설교를 따르지 않으려고 할 때에는 그 산맥을 머지않아 그의 기도의 힘으로 무너지게 하여 영들에게 벌을 내린다고 영들을 위협했다. 그리고 그는 실제로도 영계의 태양을 향해서 '영류의 힘을 내게 내려 주시옵소서. 산을 허물고 물을 넘치게 하여 하나님의 가르침에 따르지 않는 영들에게 벌을 내려 주십시오' 하고 기도하고 있었다.

또 한 사람의 장군은 이 세상에 있었을 때에는 특히 전술에 뛰어난 전략가로서 알려진 자였다. 그는 영들과 만날 때마다 어떤 공기의 물결 같은 것을 상대방 영의 마음을 향해서 쏘는 것이 버릇이 있었다.

이 물결과도 같은 것은 상념의 교류를 할 때에 영들이 사용하는 상념 전달의 수단과 같은 것이었는데 조금 다른 점은 이 물결이 일반 영들이 상념을 전달할 때의 느낌과는 어딘지 모르게 이질적인 것이 있다는 점이었다.

나도 실제로 이 장군의 영과 만나서 이야기(상념의 교류)를 한 일이 있었는데, 역시 기묘한 비뚤어짐과도 같은 감촉이 어딘가에 있는 것을 항상 느꼈다.

그들 두 영은 영계에서 다른 영들로부터 경멸을 당하고 비웃음의 대상밖에는 되지 않았다. 그것이 그들에게 불평불만을 더욱 일으키게 하였고, 그들로 하여금 더욱 더 어리석은 행동을 하게 만들었다. 그러면 여기에서 그 두 인물에 대해서 좀 더 자세히 말해 보겠다.

인간이 죽은 후에 영으로 남아서 존재하는 것은 가장 근본적인 것, 즉 그 인간의 참다운 성격으로서의 영적인 마음, 영적인 인격이다.

영계에 있어서는 그 때문에 영적인 영격의 높고 낮음이라든가, 참다운 뜻에서의 이성의 고저라든가 하는 것 이외에는 영의 인격을 규정하는 기준이라는 것이 존재하지 않는다. 왜냐하면 영들은 그 영의 본연의 자세로 돌아가 영으로서의 영원한 삶을 살고 있기 때문이다. 그래서 인간으로 있었을 때의 기억도 참다운 영적인 심부(深部), 마음 속 깊은 곳에 새겨진 것밖에는 남지 않는 것이 보통이다.

이 두 영의 경우는 좀 특이한 예라고 할 수가 있다. 목사의 경우는 교회의 목사로서의 그의 입장이 인간계에 있었을 때에는 사람들에게 권위로서 통용되었기 때문에 사람들은 그의 설교를 들었으리라.

그는 사람들로부터 존경을 받은 기억이 영계에 들어온 후에도 남아 있었다. 그것은 그가 인간계에 있었을 때, 사람들로부터 존경받기를 좋아했고, 그것이 그의 영의 깊은 곳에까지 이를 정도였음에 틀림없다. 그래서 영계에 들어와서도 그 기억이 남아 있었던 것이다.

그는 자기의 설교를 사람들이 듣는 것은 설교의 내용 그 자체가 고매한 것이라고 착각한 것인데, 실제로는 그가 사람들의 존경받기를 지나치게 좋아했던 것에 지나지 않는다.

그는 자기의 이러한 착각을 깨닫지 못하고 영계에서도 설교를 계속할 셈이었는데 영적으로 진정한 것 이외에는 가치를 갖지 못하는 영계이므로 그는 일종의 괴상한 영으로 취급당할 수밖에 없었다.

장군의 경우는 오랜 세월 싸움터에서 책략을 써온 것이 역시 습관이 되어 그의 영적 기억에까지 침입돼 있었던 것이다.

그는 싸움터의 책략, 즉 적을 속이는 습성이 영계에서도 남아 있었던 것인데 이것 역시 너무나도 외면적인 것이어서 영계에 있는 영들에게는 이런 것은 즉시 간파되어 그도 또한 기령(寄靈)으로 취급을 받았다.

정령계의 설명에서 말한 것처럼 정령에 있어서까지도 인간계에 있을 때 갖고 있었던 모습을 정령들은 차차 버리고 그 본래의 모습으로 돌아가는데, 하물며 영계에 있어서 이와 같은 외면적인 것이 아무런 가치도 갖지 못하게 되는 것은 당연한 일이다.

나는 이 밖에도 역사상에 저명한 인물, 그들은 세상에 있을 때에는 모두 다 덕망이 높은 사람이라든가, 훌륭한 지식을 갖고 있다든가 하여 높이 평가를 받았던 사람들인데 그들이 그 본래의 영으로 돌아갔을 때, 영적인 지성과 이성면에서 정말 하찮은 영이 되어 영계에서 경멸을 받고 있는 예를 몇 번이나 보고 또 들었다.

그들은 예외 없이 외면적인 지식 등에 사로잡혀 영적인 창을 여는 것을 거부하고 아집에 빠져 있는 불행한 자들이었다. 이러한 사람들보다는 '마음이 순진하고 곧은 사람' 편이 영계에서는 훨씬 더 크게 깨닫고, 지성, 이성면에 뛰어난 영으로서 상위의 세계로 가게 된다.

영계에서의 사랑

그 영은 또 같은 시냇가에 와서 그곳에 펼쳐진 풍경을 열심히 보고 있었다. 그것은 전날과 꼭 같은 행동이었다. 그는 요 며칠 전부터 이 같은 일과를 되풀이 하고 있었던 것이다. 그런데 이곳에 앉아서 매일 같은 풍경을 바라보고 있는 일에 특별한 뜻이 있다고는 그 자신조차도 생각하지 않았다. 그 위에 그는 여기에서 무슨 일을 하는 것도 아니고 다만 풍경을 바라보고 있을 뿐이었으므로 더구나 그랬다.

그는 틀림없이 자기 자신 조차도 여기에 매일 오는 이유를 알 수 없었을 것이다. 그러나 깨닫고 보면 자기는 또 같은 장소에 와서 같은 풍경 속에 있는 것을 발견하게 된다. 그는 그 일과를 계속하고 있었다.

그의 눈 앞에는 꽤 멀리 떨어져 있는 곳에 경사가 완만한 언덕이 연달아 있었고, 그 언덕까지의 넓은 공간은 전부 초원이었다. 들판에는 여기저기에 수목이 우거졌고, 또 거대한 아마도 수천 년의 수령을 거쳤다고 생각되는 숲이 울창하게 무성해 있었다.

냇물은 들판 안으로 흘러 내려가고 그 흘러간 끝에 그가 속해 있는 단체가 있었다. 그러나 이 풍경은 그에게는 이미 익숙해졌다기보다는 이제는 싫증이 난 풍경에 지나지 않았다.

그가 이곳에 오기 시작한 지 닷새째가 되던 날 그때까지와는 약간 변한 일이 생겼다. 그렇다고 특별히 들추어 말할 정도의 것은 아니었다. 다만 한 사람의 영이 와서 그가 있는 곳에서 조금 떨어진 곳 ―그것은 이 세상의 거리로 말하자면 그래도 수백 키로 미터는 떨어져 있었다. ―에 그와 똑같은 자세로 앉았다. 그리고 그 영은 또 그와 똑같이 같은 풍경을 주시하고 있었다. 변한 것은 다만 그것뿐이었다.

다음날도 그는 전날과 똑같이 강가에 앉아 있었다. 그러나 약간 놀라운 일은 전날의 영도 역시 전날과 같은 장소에 와서 앉아 있었기 때문이다. 그리고 또 며칠인가 똑같은 일이 되풀이 되었다.

같은 일이 되풀이 되므로 그는 그 영에게 말을 건네 보고 싶었다. 그런데 그가 말을 건네 보고 싶은 생각이 들게 된 것은 실은 또 한 가지 다른 이유가 있었다. 그것은 그 영이 나타나게 되면서부터 그가 싫증이 나 있는 풍경 속에 조금씩 변화가 생기기 시작한 것같이 그에게 생각되었기 때문이다.

그가 말을 걸어보고 싶다고 생각함과 동시에 그 영도 그에게 말을 걸어보고 싶어졌는지 다음 순간에는 그들은 수백 킬로미터의 거리를 순식간에 날아와 서로 가까이에 다가앉아 있었다. 그러나 이것은 그가 상대편 영이 있는 쪽으로 간 것도 아니고 또 상대편 영이 그의 곁으로 온 것도 아니었다. 왜냐하면 그가 앉아 있는 곳은 그가 지금까지 앉아 있었던 바로 그 자리였고, 상대편 영도 여전히 전에 앉아 있던 자리에 앉아 있어 조금도 움직인 일이 없었기 때문이다.

"나는 요즈음 며칠 동안 이상하게 생각하는 일이 있습니다. 당신이 이 강가에 나타나면서부터 내가 보는 풍경 속에 변화가 일어나기 시작했습니다. 이런 일을 나는 예전에 경험한 일이 없습니다. 당신은 풍경에 변화를 일으키게 하는 기술을 갖고 있는 신(神)인가요?"

그가 말한 것은 사실이었다. 그가 풍경으로부터 받는 인상에는 상대편 영이 나타난 날부터 변화가 일어나고 있었기 때문이다.

언덕의 형태는 전보다도 둥글러졌고, 나무도 숲도 지금까지의 녹

색과는 달리 봄의 새싹 같은 색깔과 부드러운 감촉을 더해 갔고, 태양 빛까지도 온화하게 되었던 것이다. 상대편 영도 그에게 대답했다.

"나도 이상한 일을 경험했습니다. 그것은 강가에서 당신을 만났을 때부터 생긴 불가사의한 일입니다. 내 눈앞을 가리우고 있었던 것을 떼어낸 듯한 느낌이 들더니 먼 곳에 있는 것도 명료하게 내 눈앞에 비치는 듯한 생각이 요즈음 며칠간 계속해서 일어나고 있습니다."

상대편 영이 말하는 뜻은, 즉 그를 강가에서 만난 날부터 자기의 시계(視界)가 먼 데까지 이르게 되었고, 먼 곳에 있는 것도 보다 뚜렷하게 보이게 되었는데 이것은 어째서일까 하는 것이었다. 그리고 상대편 영은 작은 조약돌을 집어 들더니 그것을 보이면서 말했다.

"나는 요즈음 며칠간은 이 돌 속까지도 보이는 듯한 생각이 듭니다. 이렇게 이상한 일을 지금껏 나는 경험한 일이 없습니다. 당신은 그런 기이한 일을 생기게 한 장본인인가요? 당신이 바로 신(神)인가요?"

그들이 서로 이야기를 나누고 있을 때 그들의 몸 안에 지금까지는 없었던 무엇인가가 어디에선지 날아와서 뛰어 들어온 것 같은 기묘한 느낌을 받았다.

그의 눈에는 부드러운 빛을 내면서 조용히 빛나는 조그만 보석 같은 것이 그의 몸 안에서 여러 개 춤을 추듯 하고 있는 것이 보였다. 또 상대편 영은 태양의 작은 분신이 힘차게 몸안에 빛을 발하고 있는 것을 자신의 몸 안에서 보았다.

상대편 영은 아까 주었던 조약돌을 하늘을 향해 힘껏 던졌다. 그러자 그들 두 사람 모두 놀라서 외마디 소리를 지르지 않을 수 없는 일이 일어났다. 조약돌은 금빛을 내는 기체와 다이아몬드 같은 빛을 내는 기체가 되어 증발하고, 그 기체가 두 영의 머리 위에서 감도는 것을 그들은 보았던 것이다.

다음 날 개천가에서 또다시 만났을 때에 그들은 서로간에 공통되는 화제로서 천 년쯤 전의 역사상의 인물을 화제에 올렸다.

그는 그 인물과의 상념의 교류를 계획하고 그것을 시도하자 그 인물은 그의 눈 앞에 나타났다.

"나와 상념의 교류를 희망한 것은 그대인가?"

그의 시야에 나타난 그 인물의 온건한 가운데에도 위엄이 넘치는 용모는 세상에 있을 때와 별로 변한 데가 없었다.

"내가 상념의 교류를 희망했습니다. 당신과 더불어 잠시 이야기를 나누기로 합시다. 또 내 곁에 있는 영도 나와 똑같은 희망을 갖고 있습니다."

그러자 그 인물은 상대편 영의 시야에도 나타난 것을 그도 알 수가 있었다. 그들은 함께 이 역사상의 인물과 상념의 교류를 시작했다.

역사상의 인물은 두 영의 몸 안에 같은 형태의 표상을 나타내고 또 그 머리 위에 똑같이 신화 중의 훌륭한 신의 조상(彫像)같은 것을 나타내게 했다. 그러자 잠시 상념의 교류를 흐르고 있는 사이에 두 영은 서로 간에 같은 표상(表象)이 나타나는 것을 깨닫고 놀라움을 금치 못했다.

그것은 상대편 영의 몸 안에 역사상의 인물이 나타내는 성상의 많은 부분이 역사상의 인물이 직접 상대편 영의 몸 안에 보내서 넣은 것이 아니라, 그의 몸 안에 보내진 형상이 그로부터 상대방의 영에 전달된 것이었다. 그리고 반대로 그가 역사상 인물의 머리 위에서 볼 수 있었던 표상의 많은 부분은 상대편 영의 눈이 본 것을 그에게 전달된 것 같다는 것이었다. 그 때문에 그들은 역사상의 인물로부터 꼭 같은 상념과 감정을 받아들일 수 있다는 것을 깨달았다.

역사상의 인물은 마지막으로 말했다.

"나는 이처럼 내 상념이 잘 전달될 수 있었던 경험은 예전에는 드문 일이었다. 당신들은 상념을 교류하는 기술이 매우 뛰어난 사람들 같이 보이는군."

확실히 두 영에게 있어서도 이것은 마찬가지여서 그들도 이 역사상의 인물을 지금까지는 전혀 없었던 정도로 완전하게 이해할 수 있었던 것같이 느껴졌다.

영계에서도 결혼이라고 하는 것이 있다는 것을 알면 사람들은 놀라움을 금치 못하리라. 영계에서의 결혼도 남녀의 영 사이에서 이루어진다는 점에서는 인간의 결혼과 조금도 다름이 없으나 그러나 퍽 많은 차이가 있다.

영계의 결혼은 영적 친근감과 친화감의 절대적인 극치에서만 이루어지며, 인간이 결혼하는 경우에 흔히 볼 수 있는 세속적인 생각 같은 요소는 전혀 혼입되는 일이 없다. 이것은 영이 그 본래의 모습으로 돌아간 형태로 이루어지는 것이므로 당연한 일에 지나지 않는다. 따라서 영계의 결혼은 동일한 영계의 단체에 속하는 영 사이에서만 행해지고 다른 단체에 속해 있는 영과의 사이에서는 있을 수 없는 일이다.

영적 친화감의 극치는 앞에서 기록한 예를 보아서도 알 수 있듯이 두 남녀 영의 머리 위에 다이아몬드나 금빛을 내는 기체가 나타나는 것으로 표상된다. 이 같은 남녀의 영 사이에서는 그 영적인 마음은 완전히 하나가 된다.

영의 경우도 남성은 이성과 지성이 뛰어나고, 여성의 감정이 아름다운 것은 인간의 경우와 비슷하다. 그래서 영이 결혼하게 되면 남성 영의 이성과 지성은 그대로 여성의 영에게로 흘러 들어가고 여성 영의 정(情)은 남성의 영 속으로 그대로 흘러 들어가서 하나의 인격(영격)이 이루어진다.

이 영격은 남녀의 영이 별개의 것으로 있는 경우보다는 훨씬 더 훌륭한 영격이 되고, 결혼한 남녀 두 영의 행복감도, 영적인 능력도, 영계에서 구할 수 있는 최고의 것이 된다.

영계에서도 남녀의 영이 결혼하게 되면 피로연을 열고 같은 단체에 속해 있는 많은 영이 모여 든다. 그때에 모인 영들은 피로연 석상의 상공에서 이 세상에서는 상상도 할 수도 없는 아름다운 소녀의 상(像)이 빛나면서 나타나는 것을 볼 수 있다. 이것은 영계에 있어서의 지복(至福)을 표시하는 표상으로 알려져 있다.

마지막으로 영계의 결혼이 이 세상의 결혼과 다른 점을 들면 다음과 같다.

먼저 결혼한 남녀의 영은 영계에서는 두 사람의 영으로서가 아니라 한 사람의 영으로 취급된다. 이것은 영적인 마음의 결합이 완벽함을 나타내는 것인데, 그 밖에도 영계에서는 결혼한 남녀는 서로의 영으로서의 몸이 모두 상대방 영의 몸 안으로 들어가 완전히 일체가 되어 버리는 데에도 연유한다.

또 영계의 결혼에는 남녀 영 사이에 육체적으로 결합하는 일은 없다. 이것은 영계에서의 결혼의 목적이 두 영의 깨달음이나 행복, 이성이나 영적 능력의 향상에 있는 것이지, 이 세상의 결혼처럼 자손의 번식을 목적으로 삼고 있지 않기 때문이다.

항상 눈앞에 있는 영계의 태양

낙타 등에 짐을 실은 대상(隊商)이 동양의 사막을 길고도 길게 열을 지어 서쪽을 행해 가고 있었다. 넓은 사막에는 시야를 가리는 것이라고는 아무 것도 없었다.

대상들에게는 행길을 갈 때와 같은 목표물이라고는 아무 것도 없다. 그들의 진로를 표시해 주는 것은 오직 하나 시간과 태양의 위치나 높이를 보아 경험을 토대로 해서 산출한 서쪽 방향이라는 것뿐이었다.

시간은 정오 때쯤, 태양은 마침 남쪽 하늘에서 빛나며, 그들에게 앞으로 나갈 방향을 표시해 주고 있었다. 이때 갑자기 먼 곳에서 온 사막을 뒤흔드는 것 같은 천둥소리가 대상들의 귀에 들려 왔다.

비를 기다리던 그들은 그 천둥소리가 어느 방향에서 났을까 하고 각자 짐작되는 방향을 둘러보았다. 그들 사이에 무서운 공포와 이

변이 일어난 것은 바로 이때였다.

대상들은 각자 자기 생각대로 방향을 정하고 얼굴을 그쪽으로 향했다. 그 각 방향이 남쪽이라고 생각하여 그것을 기준으로 각자 다른 방향을 향해 나가기 시작했다.

"자네 어디로 가는가, 그쪽은 서쪽이 아니란 말이야!"

"아니, 그렇게 말하는 자네야말로 틀린 방향으로 나가고 있네. 내가 가는 방향이 서쪽이란 말이야."

이렇게 되면 대상의 행렬에 갑작스러운 혼란과 착각이 일어나 수습하기 어려울 지경에 이르고 말 것이다.

사람들이 이 이야기를 제멋대로 지어 낸 이야기라고 웃고 말 것이다. 각자가 얼굴을 돌린 방향이 어느 방향이든 그 방향에 정면으로 태양이 보인다. 이러한 턱없는 일은 이 세상 사람의 인간적인 경험의 범위에서는 일어날 수 있는 일이 아니기 때문이다.

영계는 불가사의한 일이 가득 찬 세계인데 그 불가사의한 일 중에서도 가장 불가사의한 일 중의 하나가 영계의 태양이다. 영계에서는 지금 사람들이 일소에 붙인 '턱없는' 일이 태양에 관한 한 가장 보통의 일이다. 그렇다. 영계의 태양은 항상 영들이 얼굴을 향한 방향에 있다.

앞에서 말한 바와 같이 영계의 태양은 동쪽 하늘의 그것도 영들의 가슴 정도의 높이에 항시 있으면서 움직이지 않는 태양이다. 이 태양은 아직 영계에 익숙치 못한 새로 온 영들에게는 그 움직이지 않는 것이라든가, 가슴 높이에 있는 것이라든가 하는 것이 실로 더없이 기분 나쁜 태양같이 보인다.

—몇 천억 년의 태고(太古)가 가슴 앞에 있으면서 노려보고 있다—'

그러나 이 태양은 참으로 거리낌없이 영들이 얼굴을 돌린 방향으로 움직인다. 영들은 그 얼굴에 의해서 빛이나 열, 그리고 영류(靈流)를 받아들여서 살고 있는 것이므로 이렇게 되는 것이 사실 당연하지만, 그렇다고는 하더라도 이 세상의 감각으로서는 전혀 이해할 수 없는 태양임에는 틀림이 없다.

그 위에 태양이 있는 방향이 영계에서는 항상 동쪽이라고 정해져 있으며, 이것이 영계의 방위의 기준이 된다. 그러므로 '동쪽'도 항상 움직이고, 더구나 각자 영에 따라서 '동쪽'은 달라진다.

이 태양의 불가사의만은 영계의 현자(賢者)라고 하는 영들도 풀 수 없는 불가사의이며, 지금까지 이 불가사의를 푼 자는 영계에서는 없다.

그것은 어쨌든 간에 영들은 태양이 움직이든 동쪽이 움직이든 아무런 관심도 갖지 않고 살고 있다. 이것은 영들이 자기 얼굴 정면뿐만 아니라 주위의 어느 방향도 분간할 수 있는 머리와 눈을 마음속에 가지고 있는 데에 기인한다.

그들은 주위의 모든 방향을 볼 수 있는 마음의 눈에 의해서 방위 감각을 틀리지 않고 가늠할 수 있는 것이다.

하늘나라 사람의 춤

"이것이 도대체 어떻게 된 일인가?"

영계의 광장에 모여 있는 수많은 영들은 놀라 일제히 이렇게 외치면서 하늘을 올려다보고 있었다.

"무언가 이변의 징조가 아닐까?"

영들은 누구나 다 동쪽 하늘에 그들이 본 이변에 눈길을 못박은 채 서로 이런 말을 주고받고 있었다. 놀라움과 불안, 그리고 또 무슨 일인지는 모르되 이제부터 일어나리라고 짐작되는 이변의 징조에 대한 두려움의 표정이 그들 전부의 얼굴에 떠올라 있었다. 그것은 늘 그들의 가슴 높이에 있어야 될 태양이 이 때에는 조금 높은 하늘 가운데 나타나 있었기 때문이었다.

영들이 불안과 공포에 가득 찬 표정으로 지켜보고 있을 때 다음 순간 태양 둘레에는 이 때까지 상상할 수 없었던 조각 구름 비슷한 것이 몇 가닥 나타나 그들을 더욱 놀라게 했다.

조금씩 구름은 태양 둘레를 천천히 원을 이루며 돌기 시작했다. 그 구름 중에는 태양 표면을 뛰는 것도 있어서, 그 때문에 태양의 빛은 가리우고 영계의 지면에는 몇 줄기나 되는 검은 그림자가 비쳤다.

'구름이 태양을 가리고 있다'.

영들은 불안이 더해 갔다. 구름이 태양의 둘레를 돌기 시작함과 동시에 태양은 그 때까지 보다도 더욱 빛나고 강렬한 빛을 내기 시작한 것같이 영들에게는 생각되었다. 그러나 그것은 태양이 구름과 싸우는 것같이 보여 그들의 공포는 가일층 더할 뿐이었다.

이 때 한 영이 무엇인가 알고 있다는 표정으로 영들 앞에 나섰다. 그는 천 년 전에 있었던 어떤 일을 기억해 낸 것이다. 그는 영들 전부에게 큰 소리로 알렸다.

"나는 이제야 생각났다. 이것은 하늘나라 사람의 춤이며, 두려운 일이 아니다. 우리가 즐겁고 기쁜 마음으로 맞이해야 될 경사이다. 나는 천 년 쯤 전에 이와 똑같은 일을 본 일이 있다."

그의 이와 같은 말이 끝날까 말까 했을 때, 조각구름은 수십 명이나 되는 영의 모습으로 변했다. 그리고 그들은 태양의 주위를 질서 정연하게 원을 이루면서 돌기 시작했다.

태양은 더 한층 광채를 더해 갔다. 태양 둘레를 돌고 있는 영들의 모습이나 형태도, 그리고 얼굴 생김생김도 차차 뚜렷해져 갔다. 태양은 평소의 태양보다도 수십 배, 수백 배나 밝게 빛나고, 또 빛 속에는 황금과 은빛 줄기가 섞여 이것이 반짝 반짝 아름다운 빛을 영계 전체 위에 뿌렸다.

태양 둘레를 돌고 있는 영들의 의복은 새하얀 눈처럼 빛나고, 그들의 표정은 이 세상의 말로는 도저히 표현할 수 없는 지복(至福)의 상태로 빛나고 있는 것이, 보고 있는 영들에게도 확실히 알 수 있었다. 그것은 참으로 하늘나라 사람들의 춤다웠다.

영계 전체가 평소의 수십 배, 수백 배의 밝은 빛과 황금과 은빛의 광채 속에 있었으며, 영계 안에 있는 모든 영들에게는 태양 둘레에서 지복의 춤을 계속 추고 있는 '하늘나라 사람'들의 행복감이 그대로 전달되어 갔다.

이 때의 영계는 상세계(上世界)도 중세계(中世界)도 하세계(下世界)도 모든 세계가 빠짐없이 행복의 빛 속에 젖어 있었다.

'영계에서 첫째 가는 행복한 사건'은 하늘나라 사람들의 춤인 것이다. 하늘나라 사람의 춤이라고는 하지만 이 하늘나라 사람들은 실은 상계(上界)의 영들이다.

상세계의 영들 중에서도 특히 높은 깨달음의 경지에 이르러 새로 하늘나라 사람이 되었다고 할 수 있는 경지에 이른 영에게 그 사실을 축하하는 뜻에서 하늘나라 사람의 춤이 허락되는 것이다. 즉 전 영계가 '새로운 하늘나라 사람'의 탄생을 축하하는 셈인데, 이것은 대체로 천 년에 한번쯤 있는 영계에서도 극히 드문 행사이며, 그때 하늘나라 사람이 춤을 추는 것을 허락받는 '새로운 하늘나라 사람'은 기껏해야 수십 명 정도 밖에는 되지 않는다.

하늘나라 사람의 춤은 지금 여기에 기술한 대로 행해지는데 그들의 지복을 축하함과 동시에 전 영계의 영도 잠시 같은 행복을 나누어 갖게 되는 셈이다.

영계에 하늘나라 사람의 춤이라고 하는 행사가 있다는 것은 영들의 영계에 있어서의 생활 목적이 아무리 완만하다 할지라도 영원한 영적 진보를 지향하고 있다는 무엇보다도 확실한 증거라고 할 수가 있다.

영계의 변화

영이란 공기라든가 정기(精氣)와 같은 것이거나 혹은 공중을 떠다니고 있는 에테르와 같은 것이다. 영에 대한 인식은 영의 존재를 인정하는 사람들도 인정하는 사람들도 이 정도로 알고 있다고 해도 과언이 아니다. 그러나 사실 영은 인간처럼 육체라고 하는 형체는 갖고 있지 않지만, 일종의 영체를 갖고 있다. 그리고 지성과 이성이라든가 감각면에서는 인간이 갖고 있는 것은 전부 갖고 있으며, 인간과 조금도 다르지 않다.

내가 이제 기술하려고 하는 이 항은 사람들에게 이것을 납득시키고 확신시킬 수 있을 것으로 믿는다. 나는 어떤 영이 나에게 이야기해 준 예를 이야기하기로 하겠다.

그는 한 사람의 영과 영계 끝에 있다고 알려진 '장엄한 숲'에 대해서 이야기를 나누고 있었다. 그는 얼마 전에 들은 이야기라고 하면서 말하는 이 영의 이야기를 들으면서 먼 데로 눈길을 던졌다.

그 날의 그는 퍽 기분이 상쾌하고 마음도 들떠 있었기 때문인지 그에게는 흔히 보아 왔던 풍경이 다른 때보다도 훨씬 더 아름답고 싱싱하게 생각되었고, 또 그의 눈에 비치는 태양도 평소보다 더 밝고 빛나는 것처럼 보였다.

그가 눈길을 주고 있는 저편 ─그것은 아마 이 세상의 거리로 말하자면 수천 억 킬로미터 저편에 있었으리라 ─에는 길고 긴 성벽과 같은 것이 이어져 있고, 그것이 그의 시계의 끝이 되어 있었다. 그 성벽은 그의 말대로 하자면 시야의 끝에서 끝까지 모두 가로막고, 이 세상에 있었을 때 들은바 있는 동양의 만리장성의 수천 배의 길이었다.

그의 상쾌한 기분은 여전히 변함없이 계속되었고, 그에게는 또 한 사람의 영이 말하는 '장엄한 숲'의 모양이 한 마디나 두 마디 말을 들은 것만으로도 눈에 생생하게 떠오르는 느낌이었다.

그런데 그 사이 그는 태양에 어떤 변화가 일어나고 있음을 깨달았다. 평소보다도 밝게 빛나고 있던 태양이 차차 더욱 밝은 빛을 더해 가고, 엷은 붉은 색으로 보였던 태양은 조금씩 더욱 밝은 흰색으로 변해서 이윽고 아름다운 은빛을 내기 시작했다. 그리고 다음에는 그 은빛 속에 황금빛 줄기가 섞여 그의 시야 전체를 반짝반짝 아름답게 빛나는 광경으로 비추어 주고 있었다.

그의 마음은 더욱 행복감에 가득 차고, 또한 지복(至福)의 절정으로 올라가는 것을 그 자신도 알 수 없었다. 그는 사물에 대한 이해력도 매우 밝아졌다. 그에게는 이제야말로 상대편 영이 이야기를 계속하고 있는 장엄한 숲의 이야기는 상대편의 입에서 말도 나오기 전에 벌써 눈에 비치게 되고, 그 모습은 상대편 영을 놀라게 할 정도였다.

먼 곳에 눈길을 돌린 그는 놀라움에 소리를 지르지 않을 수 없었다. 확실히 그 먼 저편에는 높고 길게 이어져 있는 성벽같은 것이 그의 시야를 가로막고 있었다. 아니 조금 전까지만 해도 가로막고 있었다. 지금도 성벽은 틀림없이 있었다.

그런데 어찌 된 일인지 그에게는 그 두터운 벽이 마치 엷은 공기의 막처럼 투시되었던 것이다. 성벽 너머에 있는 세계의 갖가지 모습이 그의 바로 눈앞에서 일어나고 있는 일처럼 보였다.

그때 그에게는 영계 전체, 그의 시야에 들어오는 전 영계, 성벽 너머의 저편 세계도, 영들에게까지도 전설적인 존재인 장엄한 세계조차도 통틀어 혼연일체가 되어 하모니를 이룬 음악으로서 영계의 허공에, 그 아름답고 생명에 가득 찬 음악의 전당으로서 울려 퍼지고 있는 듯 했다. 그는 이때 갑자기 다음과 같은 생각이 머리에 퍼득 떠올랐다.

"나에게는 영계의 모든 것이 손안에 쥔 듯 확실히 알 수 있구나."

영계 안에서 일어나는 모든 일, 모든 세계, 그리고 그곳에 사는 모든 영들의 생각이나 감정.... 이 모든 것이 생명에 가득 차고 무한한 색채를 지닌 작은 소리의 조각이 되어 은과 황금빛에 넘친 영계의 하늘에 하나의 음악이 되어 울려 퍼졌다. 그리고 그는 이들 아름다운 음악의 조각의 뜻을 해독하게 됨으로써 영계와 영계에서 일어나고 있는 모든 일의 전부가 손에 쥔 듯 알 수 있었던 것이다.

그에게는 자기가 이 영계에서 지복(至福)의 절정에 얼마동안이나 있었는지 그 시간을 짐작할 수도 없었다. 그러나 그가 제 정신이 들어 깨어나 보니 태양은 이미 조금 전까지와 같이 빛나지 않고 보통 보던 때의 엷은 홍색의 태양으로 되돌아가 있었다. 또 그의 시야도 저편 벽에 가로 막혀 이제는 벽 너머의 광경을 볼 수 없었다.

영계는 평범한 모습으로 되돌아 가 있었다. 그러나 이것만으로 끝이라면 사람들은 그가 꿈이라도 꾼 것이겠지 하고 생각할는지도 모른다. 그런데 그의 이야기는 아직도 끝나지 않았다.

그는 너무나도 행복에 겨운 세계에서 지극히 평범한 세계로 되돌아가 버렸으므로 환멸을 느끼고 심신이 피로해졌다.

곁에 있던 영은 또 '장엄한 숲'의 이야기를 시작했지만, 그는 열심히 들으려고 하는 마음이 없어졌다. 그를 또다시 놀라게 한 사건이 일어난 것은 그 바로 뒤였다.

그는 한 순간 현기증과 같은 것이 일어나고 동시에 몸 안에 자기 것이 아닌 무엇인가가 갑자기 침입해 온 것 같은 이상한 느낌을 받았다. 그러자 이와 때를 거의 같이 하여 그들 두 사람의 영이 서 있던 발아래 지면이 무서운 꿍음을 내면서 두 개로 갈라졌다. 그리고 그 갈라진 틈은 순식간에 넓어져 커다란 암흑의 구덩이가 보이더니 그는 구원을 청할 틈도 없이 그 안에 빠져 들어가고 말았다.

그런데 사실을 말하자면, 그는 실제로 암흑의 구멍 속에 빠진 것이 아니었다. 그 자신의 마음속에 그런 생각이 들었을 뿐인데, 이것은 그의 마음이 하강상태를 향하고 있음을 나타내는 표상이었다. 이것을 고비로 그의 눈에 보이는 세계는 어두컴컴해지고 또 시야도 좁아져서 조금 전까지 보였던 높고 긴 벽은 이미 그에게는 보이지 않았다.

그의 눈에 보이는 것이란 겨우 수백 킬로미터 정도의 범위에 있는 것으로 한정되어 버렸다. 빛났던 태양도 조금씩 빛을 잃고 차차 검붉은 색에서 보라빛을 띠는 것이 되어 버렸다. 그리고 마침내는 저녁의 어둠이 깔린 하늘에 둔탁한 빛을 내는 '달'이 되어 버렸다.

그의 행복도 이제는 무참하게 시들어 버리고 그의 마음에는 비애만이 남게 되었다. 그에게 말을 거는 상대편 영의 '장엄한 숲'의 이야기도 그에게는 조금도 장엄하게 느껴지지 않는 심심풀이의 것으로 밖에는 생각되지 않았다.

그는 저녁의 어둠 속에 영계의 다른 어느 곳엔가에 있을 이 세상에 있었을 때의 친구의 얼굴을 생각해 내고 열심히 상념의 교류를 구했다. 그러나 친구의 얼굴은 전혀 그의 앞에 나타나지 않고, 또 그는 몸을 원래 있던 곳으로부터 이동시켜서 친구의 영 앞에 갈 수 있는 능력을 잃은 자기 자신을 발견하고 한층 더 비참한 생각에 빠졌을 뿐이었다.

그에게는 벌써 아주 평범한 영에게 허락되는 행복도 허용되지 않았고, 또한 그의 영적인 능력은 인간으로 말하자면 마치 폐인(廢人)이 되어 버린 것으로 밖에는 생각되지 않았다.

영의 세계에서는 이 이야기와 비슷한 영의 심적 상태의 변화라는 것이 끊임없이 일어나고 있다. 이 세상 사람들이 말하는 마음의 변화와 비슷한 점이 있는데, 이 상태의 변화라고 하는 사태가 영계에서 뜻하는 것은 훨씬 더 중요한 것이 있다.

영원한 삶을 보내는 영들에게 있어서는 상태의 변화만이 그들이 살고 있다는 표적이 되며, 그들이 살고 있다는 것을 실감시키는 근거가 되어 있다. 이것이 없으면 그들은 자기가 죽었는지 살았는지조차 모르게 되는 일이 흔히 있기 때문이다.

영에 있어서 상태의 변화라는 것이 보통은 이 이야기만큼 극단적인 것은 아니지만, 그 성질은 역시 같은 것이며, 행복감이나 이성이나 영적 능력이 상한(上限)에서 하한(下限)까지의 폭 안에서 변화가 되풀이 되고 있다.

영의 능력에는 지금 기록한 이야기의 예에서 알 수 있듯이 그 시력 하나를 예로 들어 보아도 영의 눈으로 보는 외적 시력과 영이 그 마음의 눈으로 보는 영적 내시력과 같은 두 측면의 능력이 있다.

영의 마음의 상태가 상한에 가까울 때에는 내적인 영의 특유한 능력도 뛰어나게 되고, 내시력도 위력을 발휘하여 아주 먼데 있는 벽 너머에 있는 세계까지도 극히 간단히 투시할 수 있는 것이다. 이것은 다른 영의 마음에 감응하는 영적 감응력, 사물을 표상으로 나타내는 표상력, 다른 영과의 상념의 교류 능력 등 일체의 영의 능력에 대해서도 같은 말을 할 수가 있다.

영의 상태 변화는 그 영이 자기 안에 받아들이는 영류의 변화에 의해서 일어나고 있으며, 또 재미있는 것은 이 예에서도 알 수 있듯이 영의 상태 변화에 따라 태양의 빛남도 증감되고, 그 최저의 상태에서는 태양이 '달이 되어 버린다'는 현상까지도 일어나는 일이며, 이것은 세상 사람들에게 기이한 생각을 안겨 줄 것이다.

방위(方位)의 착란

그 영은 주위의 모양이 평소에 늘 보던 것과는 조금 다른 것 같은 생각이 들어 마음이 안정되지 않았다. 그래서 주위를 둘러보았더니 영계의 모든 집이나 거리의 모습, 또 여기저기에 보이는 영들의 모습이나 형태 외형은 어느 것이나 눈에 익었던 것과 다름이 없어 어디라고 꼬집어 말할 수 있는 변화는 없었다.

그런데 그에게는 거리도 영들도, 그리고 이 모든 것들을 둘러싸고 있는 세계 전체가 언제나 보아 온 것보다도 밝게 빛나 보였으며, 그리고 또 이런 것들이 엷고 투명한 한 장의 막을 통해서 보고 있는 것처럼 어딘가 모르게 믿음직스럽지 못한 느낌이 들어 가벼운 불안과 의심을 품게 했다.

그는 변두리에 당연히 있을 원시림에 갈 작정으로 그 숲 쪽으로 눈을 돌렸을 때 깜짝 놀란 표정이 되었다.

—어떻게 된 일일까? 숲이 없다?

그는 방향 감각에 이상이 생겼는가 생각하고 사방을 둘러 보았다. 그러나 아무리 보아도 숲은 없었다. 그의 불안과 의심스러움은 이때가 되어 확실히 진짜가 되어 그의 가슴이 설레이는 느낌마저 들었다. 그래서 그는 거리를 지나가는 다른 영을 불러 세워 물었다.

"원시림은 어디에 있는가? 나는 길을 잃을 것 같은데, 나에게 원시림이 있는 방향을 가르쳐 달라."

그런데 그의 물음을 들은 그 영도 조금 놀란 듯한 표정을 지으면서 되물었다.

"원시림이란 도대체 무엇인가? 나는 그런 것이 있다는 말을 도대체 들어 본 일이 없오."

그의 물음을 받은 영의 표정에는 자기가 알지 못하는 것에 대해서 질문을 받았을 때 당황하는 빛뿐만 아니라, 그런 것을 묻는 그에 대해서 지금까지 보지 못하던 영인데 도대체 누구일까 하고 의심하고 있는 것이 그에게도 확실히 알 수가 있었다. 그러는 사이에 거리에 있었던 많은 다른 영들이 그들 주위에 모여 들었다.

"자네들 원시림이 있다는 말을 들은 일이 있는가?"

그와 처음에 이야기를 하고 있었던 영은 모여든 영의 무리를 향해 물었다. 그들은 한순간 술렁거렸다. 그러고 나서 군중들은 소리로 내지는 않았지만, 모든 영들이 '그런 말은 들어본 적이 없었다. 그것이 도대체 무슨 말인가?' 라고 이상하게 여기는 마음이 일어나는 것을 그는 영의 감응으로 곧 알 수 있었다. 그의 불안은 더욱 더 증대했다. 그는 불안의 밑바탕에서 생각했다.

—원시림이 있다는 것을 아는 사람이 단 한 사람도 없다니, 이 군중들은 도대체 무엇일까? 이 자들도 나와 같은 영들일까? 아니 영이 아닐 것이다. 영이라면 원시림을 모를 리가 없지 않은가. 그런데 이 자들은 어디를 보아도 영으로 밖에는 생각되지 않고, 그 증거로 말도 이렇게 틀림없이 통하고 있지 않은가?

그는 점점 더 의심의 늪 속으로 빠져 들어가는 자신을 발견했다.

—아아 내가 어떻게 된 것일까?

그런데 이때 이렇게 고통 속에 빠진 그에게 또 그 이상의 고통이 찾아왔다. 그는 너무나도 눈이 부시어 그에게는 도무지 견딜 수 없는 강렬한 빛을 느끼는 한편 마음속에서 절규했다.

—가슴이 죄어진다. 숨이 끊어진다.

이러한 고통 속에 빠진 그의 눈은 주위에 있는 거리나 영의 군중들의 모습이 두 개 혹은 세 개로 찢기는 것을 보았다. 그리고 다음 순간에는 대군중이 하나의 영이 되어 버리는 것을 보았다. 또 거리도 군중도 전부가 엉망진창이 되어 그의 눈 속에서 맹렬한 속도로 빙빙 회전하기 시작했다. 그러나 이 고통은 그만의 고통이 아니었다. 똑같은 고통이 우선 그와 이야기를 하고 있었던 영 안에서 일어났다. 그리고 차례 차례로 군중 전체에 파급되어 간 것이다.

이때의 상황을 멀리에서 바라보고 있었다는 어느 영은 후에 다음과 같이 이야기해 주었다.

—한 사람의 영이 발을 동동거리며 손을 뒤틀더니 괴로움을 참지 못해 땅바닥에 딩굴고 또 일어나서 미친 듯이 춤을 추었다. 그러자 그와 함께 있었던 영의 군중이 그와 꼭 마찬가지로 머리를 땅에 박

고 발을 공중으로 올리고 소리를 지르기도 하고, 또 두 발을 땅에 딛고 서 있을 때에는 그와 똑같이 뒤섞여서 미친 듯이 춤을 추면서 뜻도 모를 외마디 소리를 지르곤 했다.

이 광경은 영계에서 수천 년의 생애를 보낸 나에게도 몹시 무서운 광경으로 보였는데, 그 원인은 전혀 알 수가 없었다. 그러나 잠시 후 이 기괴한 소동은 끝났다. 그리고 이 소동이 진정된 후에는 영의 군중들은 평소와 다름없이 침착해져서 언제나 같은 모습으로 돌아갔다.

이때 자세히 보니 군중과는 다른 한 사람의 영의 모습은 보이지 않고, 한 장의 투명한 막이 하늘에 드리워지고 그 막에는 구멍 하나가 뚫려 있는 것이 보였다.

그런데 이 소동은 도대체 무엇이란 말인가? 그리고 막에 뚫린 구멍은 무엇을 뜻하는 것일까? 그것은 지금도 나에게는 알 수 없는 일이다. 그러한 기이한 광경은 그 이후 몇만 년이 지났어도 두 번 다시 보지 못했으며, 또 보고 싶지도 않다. 정말 기분 나쁜 일이었다.

질서가 완전히 확립되어 있는 영계에서는 이 영이 발하고 있는 것처럼 내가 방금 기술한 것과 같은 사건은 거의 없다고 해도 좋을 것이다. 그러나 영계에서도 몇 십만 년, 몇 백만 년 사이에 한두 번쯤은 이런 돌발사고가 일어나는 일도 있는 것 같다.

이 사건은 한 사람의 영이 자기 세계로부터 다른 세계로 어떤 우연에서인지는 알 수 없으나 섞여 들어갔기 때문에 일어난 이례적인 사건이었다. 여기서 말한 한 사람의 영이란 중세계에 사는 영인데,

그는 무슨 까닭에서인지는 알 수 없으나 상세계로 들어가 버리게 된 것이다. 천공에 드리워진 막에 구멍이 뚫린 것은 이 때문이었다.

상·중·하의 3세계 안에서는 앞에서 말한 바에 의해서 상상할 수 있겠지만 영류 중의 간접 영류에는 각 세계별로 차이가 있고, 따라서 하나의 영이 간접 영류로부터 받는 영향에도 차이가 생기게 된다.

간접 영류는 상세계가 가장 많고, 다음으로 중·하세계의 차례로 적어진다. 그리고 상·중하 3세계의 영은 모두 다 자기들이 속하는 세계의 간접 영류를 받아들이는 데에 적합한 정도로 밖에는 영의 마음의 창이 열려 있지 않다.

이 때문에 이 예와 같이 중세계의 영이 3세계에 들어가게 되면 그곳의 간접 영류는 그에게는 받아들이기 어려운 것이 된다.

그가 받는 고통의 원인의 하나는 이것이며, 또 그에게 상세계가 너무나도 지나치게 눈부신 세계로 비친 것도 바로 이 때문이었다. 그리고 다른 세계로 영이 섞여 들어가게 되면 상중하의 3세계에서는 방위(方位), 방각(方角)의 기준이 다르기 때문에 그 영 자신에게도 또 그 영과 상념을 교환한 영 안에서도 방위착란이라고 하는 혼란현상이 생기게 된다. 이것은 영에게는 참으로 죽음과도 같은 고통을 줄 정도로 심한 것이며, 그들은 물체를 보는 시력이나 시계, 사물을 판단하는 지성(知性)도 혼란과 착란 속으로 말려들고 만다.

영이 다른 영의 세계로 들어가면 방위감각에 착란이 일어나 자기는 물론 다른 영들에게도 그런 고통을 주게 되는 이유는 영계의 태양이 갖는 아주 이상한 성질 때문이다. 즉, 영계의 태양은 상세계에서는 항상 태양으로서 상세계의 영들 눈에 비치고 있는데, 하세계에서는 항상 빛이 약한 달이 되어 하세계의 영들의 눈에 비친다. 그리고 태양은 상세계의 영의 오른쪽 눈에 보이고, 달은 하세계의 영의 왼쪽 눈에 보이는데, 그 사이에는 30도 각도의 간격 차가 있기 때문에 두 세계에는 방위 기준에 차이가 생긴다.

또한 중세계의 영에게는 태양은 영의 영적 상태 여하에 따라서 태양으로서 오른쪽 눈에 보이기도 하고, 달이 되어 왼쪽 눈에 보이기도 한다. 이것은 '변화의 바다'라는 장에서 기술한대로이다.

이런 일이 있기 때문에 상·중하 3세계 사이에는 교통과 교류가 허락되고 있지 않는 것이다. 다른 세계와의 교통은 허용되지 않고 있으나 같은 세계의 다른 단체와의 사이에서는 교통, 교류가 자유롭게 행해지고 있다. 다만 이 경우도 영들은 다른 단체를 방문한다거나 다른 단체의 영과 교류할 때에는 자기 단체의 영과 교류할 때와는 달리 잘 맞지 않는 느낌을 받게 된다. 그리고 그 정도는 각각 그 단체의 성격의 차이 정도에 따라서 달라진다.

성격에 아주 심한 격차가 있는 단체에 다른 단체에 속해 있는 영이 섞여 들어갔을 때에는 그 양편에 심한 고통과 고민의 원인이 되는 일이 적지 않다. 이런 때에는 그 영의 단체는 영 전체가 마치 하나의 영처럼 뭉쳐서 다른 단체의 영을 배척하고 쫓아내 버린다.

그 때에는 그 단체의 영 전원이 중심령의 지휘 아래 단 한 사람의 영의 몸처럼 집결된다. 그래서 그 '한사람의 영'은 하늘을 뒤덮는 거대한 영의 봉우리 같은 거인의 모습이 되고, 그 발아래에는 배척당한 영이 얼굴이 시커멓게 질려서 숨이 넘어가듯 몸을 뒤틀어 딩

굴면서 교류를 받는 광경이 보인다. 그러고 난 후 그는 자기 본래 속해 있는 단체로 돌아가게 되는 것이다.

영(靈)의 놀라운 힘

수백, 수천의 우뢰가 한꺼번에 떨어졌는가 싶은 소리가 전 영계를 공포의 도가니로 몰아넣었다. 영계의 지면에는 땅울림이 울려 퍼지고, 영계 안의 공기라는 공기는 모조리 울려 퍼져 진동을 일으켰다.

영계의 지평선을 가르고 있는 산맥은 꼭대기로부터 요란한 소리를 내면서 무너지기 시작하고 있다. 길게 뻗어 나간 산맥은 그 한편의 끝에서부터 진동을 시작하여 차차 다른 쪽의 끝까지 파급되어 나간다.

산허리에 있는 거대한 바위도 산 아래로 굴러 떨어져 산기슭에 있는 못이나 평지로 던져졌다. 굉음과 진동, 땅울림은 또다시 그 힘을 증가해 갔다. —영계라고 하는 세계가 단번에 허물어져 버리는 것이나 아닐까 하는 생각이 들었다. 그런데 그 뒤에 더욱 기분 나쁘고 무서운 사태가 계속되었다.

붕괴를 계속하고 있는 산맥의 여기저기 산허리에서 굴러 떨어진 거대한 바위 근처에서는 몇 십만, 몇 백만의 영들이 그 목숨이 끊어지는 마지막 순간이 아닌가 생각되는 외마디 소리를 지르고, 또 하늘을 향해 욕을 퍼부으면서 발을 하늘을 향해 벌린 채 머리는 땅을 향해 거꾸로 곤두박질하고 있었다.

거꾸로 떨어진 그들은 땅 속에 쳐박히고 땅이 그들을 삼켜 버리고 말았다. 그들이 외치는 소리의 크기는 산들이 허물어져 가는 소리에 지지 않을 정도로 무섭게 요란했고, 그 기분 나쁜 무서움은 산사태의 굉음 이상의 것이었다.

이 무서운 산사태는 오랫동안 계속되었다. 산들이 무너져 나간 뒤 그 근처에서는 한 사람의 영이 천천히 사라져 갔다. 그는 이 사태의 진행을 처음부터 마지막까지 그곳에서 지켜 보고 있었던 것이다.

그런데 사실은 이 사태는 전부 그가 혼자서 일으킨 것이었다. 그의 이 무서운 힘을 눈앞에 보았다고 한다면 영을 단순한 정기라든가 에테르와 같은 것이라고 생각하고 있는 많은 사람들의 천박한 생각은 틀림없이 단번에 날아가 버리고 말리라. 영은 필요한 경우에는 이 정도의 무서운 힘을 과시하는 일 같은 것은 마치 이 세상 사람이 작은 개미 한 마리를 잡아죽이듯이 쉽게 해치운다.

영계의 그늘진 부분인 산이라든가 동굴이라든가 거대한 바위 밑이라든가 하는 곳에는 자주 흉령(凶靈)이라고 불리는 영이 무리를 지어 정착하는 일이 있다. 그렇게 되면 그 부근에 있는 영의 단체는 이것을 퇴치하기 위해서 산사태를 일으키기도 하고, 또 큰 바위들을 떨어뜨리거나 혹은 가루로 만들어서 악령들을 쫓아버린다. 지금의 무서운 사태가 바로 그것이었다.

그런데 더욱 놀라운 것은 이러한 사태도 영은 오직 한 사람의 단체의 중심령만으로 해치운 것이다. 더구나 그 방법은 그가 두 눈에 기운을 집중시켜서 산들이나 거대한 바위를 노려보는 것만으로도 가능한 것이다. 이 기운과 한번 노려보는 것만으로 산들이 붕괴하고 진동하며, 거대한 바위는 산허리를 굴러 떨어지고 가루가 되어 버리는 것이다.

영계의 서쪽 지평선 위에 한 사람의 거인의 모습을 나타내는 일이 있다. 그는 꼭 동쪽 하늘의 태양과 대응하는 위치에 그 커다란 얼굴만을 나타낸다. 그러면 영계 안에 있는 모든 영은 숨을 죽이고 계속해서 일어나는 사태를 지켜보려고 그를 응시한다. 거인은 이윽고 커다란 팔을 영계 전체에 걸쳐서 휘두르고, 또 이마에서 강렬한 빛 같은 것을 전 영계를 향해 방사한다.

이 때에 영계는 앞서 말한 산사태의 수천 배나 더 크게 뒤흔들리고 이곳저곳의 산들은 무너지고, 강이나 못도 매몰되며, 거목도 넘어지고 강풍이 천지를 뒤덮는다. 그리고 앞에서 말한 사태와 마찬가지로 그 수천 배나 되는 수의 흉령들은 무서운 외마디 소리를 지르며 땅 속으로 떨어져 간다. 이것은 영계 안을 가장 놀라게 하는 사건이라고 해도 좋다.

선령(善靈)이 사는 영계에 대해서 흉령들은 항상 힘을 합해서 그 세계를 침식하고 잘되면 붕괴시키려고 꾀하고 있다. 그래서 지금 기술한 것과 같은 두 가지 수단으로 영들은 이에 대항하고 있다. 그런데 영들이 이 대항 수단의 근원으로 하고 있는 것은 무엇일까?

이것은 바로 영계의 태양 영류(靈流)인 것이다. 영계의 단체 중심령이 그 두 눈으로 노려보는 것만으로 산맥을 정말 간단하게 무너뜨려 버리고 마는 것도, 그가 영류를 두 눈에 집중시켜 산맥을 향해 방사시키는 힘을 갖고 있기 때문이다. 그러므로 이것은 그의 힘이라고 하기보다는 영류로부터 빌린 힘인 것이다.

그 증거로 그가 이 힘을 그 자신의 것이라고 착각하든가 하면, 그는 그것만으로 힘을 완전히 잃고 수백만의 흉령에도 대항할 수 있었던 그의 힘은 단 하나의 흉령에도 대항하지 못하게 되어 버린다.

뒤에 말한 예의 거인도 실은 영계 안의 중심령이 모여 한 사람의 거인을 형성한 것에 지나지 않는다. 이 거인은 머리(그것은 이마에서 영류를 방사하기 위한 것)와 두 팔 밖에 없으나, 머리도 두 팔도 각 단체의 하나하나의 중심 영이 긴밀하게 자기들의 몸을 이어 맞추어서 형성한 것이다. 이것을 서로 이어 맞추는 것도, 또 두 팔을 휘두르는 것도 전부 영류의 작용이 그 근원이 되어 있다.

5. 영(靈)의 불가사의한 관념

시간관념은 영계에는 없다

사람들이 영원히 녹지 않는 눈(雪)을 그 머리에 이고 있는 대알프스의 연봉을 한눈에 바라보거나, 아프리카의 대사막이라든가 대삼림 속에 서 있거나, 또는 끝없이 물만이 이어지는 대양(大洋)의 한가운데에 있을 때에는 사람들도 평소와는 전혀 다른 세계에 자기가 있다는 생각이 드는 것은 틀림없는 일이다.

과연 이와 같은 경관(景觀)은 어느 것을 막론하고 정말 장대하다. 그러나 사람들의 마음을 때리는 것은 그 사실만은 아니다. 사람들의 마음속에 새겨져서 사라지지 않는 것은 물론 눈으로 본 장대함이라든가 엄숙함도 있겠으나 그 이상으로 이것들 전부가 영원한 태고로부터 존재하고, 또 미래 영겁에 그 존재를 계속한다고 하는, 마음에 느끼는 영원한 시간에 대한 인식때문이리라.

내가 지금 여기에 든 경관은 전부가 누구의 눈에도 영원한 상(相)으로 비친다. 그리고 사람들은 또 자기도 영원한 옛날부터 이 세상에 살고 있으며, 미래도 영원의 바다 속에 있다고 하는 감회에 잠기게 되리라.

영원한 상(相), 그것은 바꾸어 말한다면 시간이라고 하는 것이 존재하지 않는 세상이다. 시간은 모조리 죽어 없어지고, 완전히 움직이지 않게 되었다고 사람들이 느낄 때 그 눈에 보이게 되는 것이 바로 '상(相)'인 것이다.

나는 시간에 대해서 영들과 토론한 일이 있다. 나는 대체로 다음과 같이 설명했다.

인간 세상에는 시간이라고 하는 것이 존재한다. 인간 세계에서의 태양은 영계의 태양과는 달라서 회전이라고 하는 운동을 한다. 인간은 이 회전의 결과로 봄·여름·가을·겨울이라고 하는 계절의 변화를 경험하게 된다.

봄에는 생명이 있는 모든 것이 새로운 생명의 싹을 돋우고, 여름에는 그 생명이 더욱 더 왕성해지고, 그리고 가을에는 생명이 열매를 맺으며 겨울에는 잠든다. 그리고 그 흐름은 항상 똑같은 차례로 흐르며 역전하는 일이란 절대로 없다.

또 태양은 동쪽 하늘로부터 떠오르고 서쪽 하늘로 지는 것을 하루로 치고, 하루를 태양의 움직임에 맞추어 아침, 낮, 저녁, 밤으로 세분해서 이것을 시간이라고 하고 있다. 인간 세계의 귀중한 척도의 하나가 바로 시간이라고 하는 것이다.

이 이야기를 들으면서 영들은 때로는 고개를 끄덕여 이해한 듯한 표정을 지었지만, 대체로 별 이상한 소리를 다 듣는다, 참 기묘한 세계도 있군! 그런 게 정말 존재할까? 이런 표정을 짓거나 두통이라도 나는지 이마를 짚어 보기도 한다. 어떤 영은 이렇게 말했다.

"나는 당신이 말하는 그런 종류의 일은 지금껏 한 번도 들은 일이 없다. 당신 정신에 이상이 생긴 게 아닌가? 도대체 인간계의 태양이란 무엇인가? 만약 태양이라면 움직일 리가 없다. 나로서는 당신의 말을 도무지 이해할 수가 없다. 다만 당신 말 중에서 봄여름가을겨울의 변화가 있고, 그 변화에 따라 생명의 상태에도 변화가 있다는 말은 이해할 것 같은 데가 있다. 그렇지만 내가 이해할 수 있는 것은 오직 그것뿐이다. 내가 느낀대로 말한다면 당신은 반쯤은 정상이고 반쯤은 미치광이다. 나는 당신이 하는 말을 듣고 내 눈앞이 캄캄해진 듯한 생각마저 든다.

앞에서 인간계에도 영원의 상(相)을 사람들에게 느끼게 하는 사물이 있다고 나는 말했다. 사람들도 이 사실은 쉽게 인정하리라. 이에 대해서 영계의 사물은 모든 것이 영원의 상을 나타내고 존재하고 있다.

인간계에서 영원한 상을 나타내고 있는 것은 알프스 산맥이나 태양, 대사막 등 등 특수한 것뿐인데 영계에서는 모든 것이 영원한 상(相) 속에 있다. 그 이유는 영계가 시간이라고 하는 작은 기준을 초월한 시간이 없는 세계이기 때문이다. 그 때문에 영들에게는 당연히 시간이라고 하는 관념이 그들에게 없는 것과 마찬가지로 역시 없는 것이다.

나의 말에 대해서 영은, '그런 말을 들은 일이라곤 없다. 내 눈앞이 캄캄해지는 것 같다'고 말한 것은 그들에게는 '시간'이라고 하는 것은 생각하지도 아니 상상조차도 할 수 없는 일이므로 어쩔 수 없는 일이다.

그들은 인간이 시간의 관념으로 생각하는 것은 기껏해야 상태의 변화라고 하는 관념으로 생각할 수 있는 정도이다. 이것도 앞에 있는 영의 이야기 가운데에 봄·여름·가을·겨울이라고 하는 것이 있고, 각각 그 속에 '생명의 모양에 변화가 있다는 것만은 이해할 수 있다.'라고 한 말로 나타낼 수 있다.

상태의 변화라고 하는 넓은 바다 안에서 조수의 간만에 따라 상하로 흔들리며 살아가는 영들에게는 이 조수의 간만만이 그들이 살고 있는 표적이므로 '시간'이 생길 수가 없다고 해도 좋다.

또 영들에게 시간관념이 없는 것은 영의 생명이 영원하기 때문이라는 것과 함께 다음과 같은 지당한 이유가 있다. 즉, 영계의 태양은 전혀 움직이지 않고 항상 천공의 일각에 조용히, 그리고 영원히 존재하고 있다는 것, 또 한 가지는 내가 뒤에 공간의 항에서 말하겠지만, 영들은 아무리 먼 곳이라도 그들의 가고 싶다는 의지 하나로 단숨에 갈 수 있다는 것이다. 이러니 공간이라는 관념이 생길 리가 없고 따라서 시간의 관념도 생길 여지가 없음을 누구나 다 알 수 있을 것이다. 영들의 시간이란 관념에 관련해서 나는 한 가지만 재미있는 이야기를 해보겠다.

여기에 두 사람의 영이 있다고 하자. 인간계적(人間界的)으로 말하면, 한 사람은 20세를 조금 지난 청년의 얼굴 모습이고, 또 한 사람은 60세를 지난 노인의 얼굴 모습을 하고 있다. 당신이라면 어느 쪽의 영이 늙었다고 생각할 것인가.

이 세상의 표현 방법으로 말하자면 청년은 젊고 노인은 나이를 먹었다고 하겠지만, 청년 쪽이 노인보다도 수천 년이나 먼저 죽어서 영계에 들어 와 있는 것이다(영은 보통 나이를 먹지 않는다). 그렇다면 청년 쪽이 나이가 더 많지 않느냐고 생각한다면, 그것 역시 잘못된 생각이다.

영계에는 시간이 없고 따라서 연령도 없기 때문이다. 다만 그들은 인간으로서 죽은 얼굴 모습을 그대로 지니고 있음에 지나지 않는다.

공간의 관념도 없는 영계

그 광경은 참으로 오싹해지고 기분 나쁜 광경이었다. 몇십만, 몇백 만이라고 하는 영들이 일단이 되어 뒤를 이어 어떤 방향으로 전진해 간다. 만약 영들에게 인간과 같은 육체가 있었다고 한다면, 이 행진하는 발자국 소리는 아마도 영계에 무언가 공포를 주는 기괴한 소리로 울려 퍼져서 영계 안에 있는 영들을 모두 공포에 떨게 했으리라. 또한 이 발소리는 영계의 땅이라고 하는 땅은 깡그리 뒤흔들었음에 틀림없을 것이다.

아직도 계속 영들은 꼬리를 이어 전진해 간다. 그리고 목적지로 삼고 나가는 방향에는 하늘 꼭대기라도 닿을 듯한 높은 산이 서 있었다. 영들의 선두는 이제 그 높은 산의 중턱에 닿으려 하고 있다. 그러자 기묘한 일이 일어났다. 선두의 영들, 즉 높은 산 중턱에 이른 영들의 모습이 갑자기 씻은 듯 없어지는 것이었다. 그것은 누구나 다 자기 눈을 의심하고 한번쯤은 눈을 비비고 다시 보지 않을 수 없는 광경이었다. 그러나 그것은 아직 시초에 지나지 않았다.

잇달아 높은 산의 중턱에 이른 영들은 그 앞에 가던 자들과 똑같이 산중턱에 닿기만 하면 잇달아 그 모습이 사라지고 말았다. 물론 이 산에 영들을 집어삼킬 만한 큰 동굴이 그 입구를 벌리고 기다리고 있었던 것도 아니었다.

이 영들의 집단 행진은 어떤 영의 단체가 영계의 다른 지역으로 자기들 단체의 거주 장소를 옮기고 있었던 모습이었다. 그러나 그것은 그렇다 하더라도 산중턱에 닿기만 하면 마치 산 속으로 빨려 들어가는 것처럼 잇달아 모습이 사라져 가는 오싹해지는 광경은 어떻게 된 일이란 말인가?

이 이야기의 결론은 그대로 보류해 두고, 나는 다른 이야기를 좀 더 적어 보기로 하겠다.

어떤 영이 강폭이 무한히 넓은 강가에 앉아서 강의 수면을 바라보고 있었다. 강은 영원한 태고 때부터 지녀온 모양 그대로 조용히 그리고 유유히 흐르고 있었다. 강 저쪽 기슭은 너무나도 멀어 그의 눈에는 흐려서 보이지 않았다. 그러던 중 그는 문득 이런 생각이 떠올랐다.

―이 강의 서쪽 기슭은 도대체 어디쯤에 있을까? 그리고 그 곳에는 무엇이 있을까?

그런 일들을 망연히 생각하면서 그 소년은 계속 들여다보고 있었다. 그러나 그때 그는 그 자신 속에서 무슨 변화가 일어나고 있는지는 알지 못하고 있었다.

─안개가 걷혔는가?

그는 잠깐 그렇게 생각했다. 그가 바라보고 있었던 수면은 조금씩 멀리 까지 보이게 되고, 또 아득한 곳의 물이 흐르는 모양까지도 보이게 되었기 때문이다. 그리고 마침내 저편 건너 기슭도 보이고, 다시 그 앞에 성곽 같은 것이 보이기 시작했다.

성곽 앞에는 한 사람의 노인인 듯한 영 ─그 영은 땅에 닿을 정도의 긴 흰 수염을 기르고 있었다. ─이 서서 그를 보고 있었다. 그런데 그 얼굴은 윤곽만이 보일 뿐 눈도 코도 없고, 물론 표정 같은 것은 알 길이 없었다.

그는 생각했다. 저 영은 누구일까 만나보고 싶은데! 다음 순간, 그는 무한(無限)의 강폭이라고 생각했던 이 강을 건너 그 노인으로 보이는 영의 눈앞에 서있는 자기를 발견했다.

영계의 넓이는 광대무변하다. 이 세상에 인간이 태어나기 시작하여 몇 백만 년 동안이나 육체의 인간으로서 죽어 영계에 들어온 영이 어느 정도일까를 생각해 보면 이것은 누구에게나 쉽게 상상할 수 있는 일이다.

그런데 나는 여기에서 이 광대무변한 세계에 사는 영들이 자기들이 살고 있는 공간에 대한 관념이 불가사의함을 적어 보기로 하겠다.

결론을 말하자면, 그들은 어떻게 광대하고 무변한 세계를 자기가 사는 집으로 삼고 있으면서도 공간이라는 관념을 전혀 갖고 있지 않다는 것이다. 그것은 이 인간계의 사람들이라면 누구나 다 이상하게 생각하지 않을 수 없는 일이지만, 그러나 잘 생각해 보면 실은 불가사의한 것도 아무 것도 아니고 그것은 그들에게 있어서는 너무 나도 당연한 일인 것이다.

그들은 마음속으로 생각하는 것만으로 어디에나 순식간에 자기 몸을 생각한 곳으로 이동시킬 수 있다. 이것은 지금 강가에 서 있었 던 영의 일로 미루어 보더라도 알 수 있으리라.

그가 노인인 듯한 영 앞에 서 있었던 것은 그가 노인을 만나고 싶 다고 생각했다는 데에 기인한다. 다만 그렇게 생각했다는 것만으로 서 그는 벌써 무한한 거리를 날아 노인 앞에 갈 수 있었던 것이다.

또 한 가지 그들은 그들 자신이 희망하기만 하면 견고한 바위이 든, 산이든, 또 벽이든, 수목이든 그 밖의 여하한 것이라도 그 속을 자유롭게 통과하거나 투과해 버릴 수 있다. 또한 영계의 결혼의 항 에서 말한 남녀의 영이 몸이 일체가 되어 버린 것을 보아도 알 수 있듯이 그 속에 들어가 그대로 깃드는 일도 자유롭게 할 수 있다.

주로 이 두 가지 이유에서 그들은 공간의 관념을 가질 수 없고, 또 가질 필요가 조금도 없다. 또 같은 이유에서 그들은 거리의 관념 도 가질 수 없다. 적어도 이 세상의 인간들과 같은 거리감에 대한 관념은 가질 수가 없는 것이다. 왜냐하면 그들이 거리로서 느끼는 일이 만일 있다고 한다면 그것은 그들이 그 마음속에 생각하는 대 상물에 대해 얻고자 하는 바램이 적을 때에만 있을 수 있다.

그 바램이 강렬하면 그들은 순식간에 대상물과 같은 위치에 갈 수가 있다. 그러므로 만일 영계에 거리라고 하는 것이 있다고 한다 면 그것은 영 자신의 대상에 대한 열의가 많으냐, 적느냐 하는 것이 이것을 결정하게 된다.

6. 영계(靈界)의 언어와 글자

무한한 뜻을 포함한 영계의 말

나는 그렇게 까지 놀란 일은 지금까지 없었다. 영계에서는 어째서 이런 일이 일어나는가? 영계에 들어와서 아직 얼마 되지 않은 영이 정말 놀랐다는 말투로 나에게 영계의 언어의 기이함에 대해서 그의 경험을 이야기해 준 일이 있다.

나는 그의 말을 그대로 전하는 것으로서 영계의 말에 대해서 기술하는 이 장의 전제로 삼겠다.

그는 다른 영 —물론 그보다도 영계의 경험이 풍부한 영이었다. —과 그들의 다른 단체의 일에 대해서 이야기를 나누고 있었다. 하긴 이야기하고 있었다 하더라도 그는 다만 그 영의 말을 듣는 편이었음은 두말할 필요도 없는 일이지만…

"내가 방문한 단체의 수는 꽤 많다. 그 중에서 가장 기이한 생각이 들었던 단체가 하나 있었는데, 나는 지금 그 단체에 대해서 이야기해 주겠다."

선배격인 영은 이렇게 이야기의 서두를 꺼냈다. 그런데 단지 이 말을 들은 것만으로 그에게는 갑자기 격렬한 쇼크가 엄습해 왔다.

"그 단체는 우리 단체가 있는 곳으로부터 남쪽에 있고, 그 단체에 속해 있는 영의 수는 우리 단체보다도 몇십 배나 더 많았다. 또 비교적 최근에 즉, 최근 십만 년 이내에 생긴 것인데, 이 단체를 먼 곳에서 보면 하늘에 있는 성운(星雲)처럼 활발한 움직임을 보이고 있다. 이 단체에 속해 있는 대부분의 영은 북유럽에서 시베리아에 걸친 지구의 북부 지역에서 살고 있던 인간들이었다.

쇼크는 어째서라고 그 이유는 알 수 없되 이런 이야기의 내용이 그에게는 곧 스스로 확신할 수 있다는 데에 있었다. 선배격인 영은 그 단체에 대해서 아무 것도 이야기하지 않았고, 영계의 일에 대해서는 경험이 적은 그에게는 이런 일을 상상조차도 할 수 없는 일이었을 터인데, 그것을 '알고 있다'는 생각이 든 것은 어째서였을까?

그는 은근히 두려운 생각이 들어서 엉겁결에 상대편 영의 얼굴을 보았다고 했다. 그러나 상대편 영은 그의 마음 속 따위는 전혀 모르는 것처럼 이야기를 계속했다. 그리고 그 이야기의 내용은 대체로 다음과 같은 것이었다.

확실히 그 단체는 그가 이미 알고 있었던 대로 남쪽 방향에 있어서, 그가 알고 있다고 생각한 것은 모조리 그대로였다. 그런데 이 영이 기이하게 생각한 것은 이런 일이 아니었다.

그 단체의 영들은 누구나 얼음으로 지은 집에 살고 있었고, 얼음으로 지은 집은 그 단체가 있는 곳 도처에, 즉 산기슭에도 산중턱에도 또 강가에도 들판 한가운데에도 빈틈없이 들어차 있었다.

또 도시를 방불케 하는 곳도 있었다. 그리고 기이한 것은 이 얼음

집의 내부는 물론, 산기슭도 산중턱도 강가도 들판도 거리도 전부가 태양이 작열하는 것 같은 열기에 가득차 있었다. 그러나 이 열기도 그 단체의 영들에게는 아무렇지도 않은 듯 그들은 누구나 다 시원스러운 얼굴 표정들이었다. 열기는 그러니까 이 단체를 방문하는 외래의 영에게만 느껴지는 것인 듯 했다.

또한 이 단체의 주위에 있는 나무들도 산이나 들의 수목들도 모두 한결같이 하늘을 찌를 듯한 거목이었고, 더구나 기괴한 형태이어서 나무라고 생각되지 않았다. 그러나 이보다도 더 기묘한 느낌이 든 것은……

선배의 영이 이렇게 말을 시작했을 때 그는 또다시 격렬한 쇼크를 받았다. 그의 눈앞에서 조금 떨어진 곳에 엷은 공기의 막과 같은 것이 나타나 거기에 여러 가지 광경이 비쳤다.

그 막에는 얼음집이 나란히 서있고 기괴한 모양의 나무 ―그것은 도저히 나무라고는 할 수 없는 것이었으며, 무엇인가 딴 세계의 생물을 연상케 했다. ―도 비쳤다. 그런데 거기에 비친 것은 이것뿐만이 아니었다. 그 단체의 영들이 공중을 자유자재로 날아다니고 또 기괴하게 생긴 나무에 달라붙고 그 나무도 이 영들과 장난치듯 기괴한 모양의 가지를 손처럼 움직이고 있었다. 영들은 아주 먼 곳까지 날아가기도 하고 반대로 막에서 뛰어 나와 그를 향해 오는 것이 아닌가 생각될 정도로 넓은 공간속을 날아다니고 있었다. 그리고 그에게 더 이상은 느낌을 일으키게 한 것은 이 영들이 공간 속을 날아다니고 있는 데도 그 공간은 마치 그것들을 비치고 있는 엷은 막 속에 가두어 놓은 것처럼 안까지의 거리가 전혀 없는 한 장의 투명한 막으로 밖에는 보이지 않는 일이었다.

그는 숨이 막힐 것 같은 가슴 두근거림과 현기증을 느끼면서 이 광경을 응시하고 있었다. 그런데 그를 놀라게 한 것은 이 광경의 이상함만은 아니었다. 가장 큰 이유는 선배의 영이 아직 말하기도 전에 그가 말하려고 하는 것이 무엇인가를 알았고, 더구나 이번에는 눈에 비치는 확실한 형태로 나타났다고 하는 믿을 수 없는 사실이었다.

나는 이 영의 이야기를 듣고 마음속으로 미소를 금치 못했다. 그 것은 아직 영계에 들어온 지 얼마 되지 않은 그가 놀란 것은 당연한 일이라 하겠지만 실은 영계에서 이런 일들이 있는 것은 극히 평범한 일이었기 때문이다.

서로 얼굴을 마주 보는 것만으로 영 사이에서는 상념의 교류가 이루어진다는 것은 이미 몇 번이나 기술한 대로이다. 이런 사실에서 인간들에게도 영이 말을 사용했을 경우에는 좀더 용이하게 상념의 교류가 이루어지리라는 것은 상상할 수 있을 것이다.

영계의 말에는 이 세상의 말과는 다른 큰 특징이 몇 가지 있는데, 그 중에서도 가장 큰 특징은 뭐라 해도 이 세상 사람들이 수천 마디를 하지 않으면 말할 수 없는 일들을 영들은 몇 마디 아니면 십수 마디로 이야기 할 수 있다는 것이다. 즉 적은 말에 퍽 많은 뜻을 포함시킬 수 있다는 점이다.

이것은 같은 말을 써서 이야기하여도 그 음절을 끊는 법에 따라서 그 안에 몇 겹으로 담겨진 많은 뜻을 영은 담을 수가 있기 때문인 것이다. 그러므로 겉으로 나타나는 말 이상으로 아니 몇 백배,

몇 천배의 뜻이 담겨지게 된다.

　방금 나에게 말한 영의 경우도 아직 그 사실을 잘 알지 못했던 것뿐이다. 선배 영의 마음속에 있는 것으로서 이제부터 말하려고 생각하고 있는 상념이 음절의 구분 속에 나타나고, 그는 이것을 처음에는 내적인 시각으로 알고 나중에는 외적인 시각으로 본 것이다.

　영계의 말로는 이 이외에 말 그 자체가 엷은 기체의 흐름처럼 눈에 보이고, 또 그 '보이는 언어' 속에 이야기의 내용이 영상이 되어서 둥둥 떠서 보이는 일까지도 있다.

　또한 이 밖에도 영계의 말에 대해 말해 둔다면 다음과 같은 특징들이 있다.

　그 하나는 영계의 말도 인간의 말과 같이 공기(단, 영계의 공기)를 타고 전달되어 상대편의 귀에 들리게 된다는 것이다. 이것은 영이 인간처럼 귀나 입이나 혀를 가지고 있으므로 당연한 일이리라.

말 속에 보이는 두루마리 그림

　젊은 영이 늙은 영에게 영계에서 아주 멀리 떨어져 있다고 하는 황금빛의 연못에 대해서 이야기하고 있었다.

　"그 연못은 너무 먼데 있어 그곳을 찾아간 영으로써 지금까지 돌아온 자는 한 사람도 없다고 한다. 그 이유는 돌아오는 길을 잃었다고도 하고 또 그 못은 다른 세계로 가는 통로라고도 한다."

　이 황금빛의 연못이란 영계에 있어서는 유명한 곳인데, 실은 거의 전설적인 것이다. 그리고 이 연못(그것은 해안의 높은 암벽으로 둘러싸인 곳에 있다)은 황금빛 물결이 밀려 왔다가 밀려가는 광경은 정말 아름답게 보이지만, 자칫 한번 휩쓸려 들어가면 절대로 빠져 나오지 못하는 소용돌이가 치고 있으며, 또 그 못 근처에는 영들이 알지 못하는 사이에 소용돌이 속으로 끌어들이는 유혹의 바람이 기묘하게 불고 있다고도 한다.

젊은 영의 이야기는 계속된다.

"연못에서 돌아왔다고 하는 유일한 영이 꼭 하나 있는데 그 영은 여기에서 수천 킬로미터나 떨어져 있는 단체에 속해 있으며, 나는 그를 방문해서 황금빛의 연못에 관한 이야기를 들은 일이 있다."

늙은 영 ―그렇다고는 하지만 실은 젊은 영보다도 영계의 경험이 얕고, 요 며칠 전에야 겨우 들어온 영이므로 수백 년 전에 영계에 들어와 있는 젊은 영보다도 실은 영계에서는 '젊은이'이다 ―은 이 처음 듣는 이 이야기에 열심히 귀를 기울여 듣고 있었다.

그런데 얼마 후 이 늙은 영은 이야기를 듣고 있으면서 어쩐지 자기의 주위가 이야기의 내용 이외의 무엇인가 다른 것에 끌려가고 있는 것 같은 생각이 들기 시작했다. 그리고 그 다른 것이 무엇인가 하는 것도 조금씩 그에게도 알게 되었다.

그것은 이야기의 내용과는 관계없이 일어나는 것 같았는데, 젊은 영이 이야기할 때의 말투 속에 일종의 암시 같은 것이 끊임없는 변화와 억양을 통해서 계속되고 있는 것이었다.

그는 그것을 깨닫자 그 후에는 선배인 영(영계에서는 늙은 영보다도 수백 년이나 먼저 영이 되어 있던 이 젊은이가 선배이다.)이 가르쳐 주는 이야기의 알맹이는 젖혀 두고 그 하모니와 리듬에만 주의를 기울여 듣고 있었다.

말속의 리듬은 높아지기도 하고 낮아지기도 하며, 또 강해지기도 하고 약해지기도 했는데, 그 고저와 강약의 진폭도 여러 가지로 변화하고, 또 그에 따라 음색도 있는 것같이 생각되었다. 그러는 사이에 늙은 영은 또 하나의 것을 깨닫게 되었다. 그것은 언어의 소리 속에서 나타나는 작은 하모니의 변화와는 별도로 말 그 자체의 배열과 음절을 잇는 방법 안에 무엇인가가 나타나는 것같이 생각된 것이다.

또 음절 중에서도 우, 오 등의 음이 번번히 나오는 때와 이, 아 등의 음이 나오는 것같이 들리는 두 가지 경우가 있었다.

늙은 영은 완전히 이 두 가지, 즉 말의 하모니와 배열, 음절의 이음법 등에 마음을 빼앗겨 젊은 영의 이야기 내용중 반쯤은 젖혀 놓고 말았다. 확실히 거기에는 무엇인가 뜻이 숨어 있었다.

늙은 영의 그러한 느낌은 차차 강해져 갔다. 그러나 다음에 일어난 사태는 그의 이와 같은 명상 비슷한 생각을 단번에 날려 버리는 놀라움을 그에게 주었다. 굉장한 땅울림과 함께 그가 서 있던 지면이 두 조각이 났다. 그리고 그 갈라진 틈은 그의 눈이 닿는 한 영계의 끝까지 단숨에 퍼져 나갔다. 그 안에는 어느 정도의 깊이인지도 알 수 없는 암흑의 심연이 들여다보였다.

그는 혼이 빠질 정도로 놀랐다. 그러나 그의 놀라움은 이것만으로 끝나지는 않았다. 갈라진 틈에서 한 권의 두루마리 같은 것이 나타나 그의 발아래에 놓여지자, 그 두루마리 같은 것은 미끄러지듯 저절로 펼쳐지는 것이었다.

그런데 이때 이상한 일이 일어났음을 깨달았다. 그것은 청년의 영은 이러한 대이변이 일어난 것도 전혀 모르는 듯 여전히 아까부터 하던 이야기를 계속하고 있었다. 이 두루마리에 무엇이 기록되어 있었는가 하면, 그것은 영이 인간이었을 때의 일생의 기록과 이제까지 영계에서 보낸 생활기록, 그리고 이제부터 그가 영계에서 보낼 영원한 삶의 미래에 기록까지가 이미 적혀 있었다.

인간의 감각은 영의 그것에 비하면 수천 배, 아니 그보다도 훨씬 더 둔감하다. 그러므로 인간이 만약 영의 이야기를 들을 수 있었다고 하더라도 인간에게는 알아들을 수 없다. 그러나 영과 영 사이에서는 상대편의 말 속에 내포되어 있는 이야기하는 사람의 의사, 감정, 지성의 모습이 뚜렷하게 눈에 보이듯이 비친다.

의지와 감정은 그 말의 미세한 액센트의 변화 속에, 지성은 말과 음절의 무의식적인 배열 속에 나타난다. 이것은 몇 만리나 떨어진 곳에서 바늘이 떨어지는 소리를 듣는 것 같은 희미한 것이지만, 영은 그것을 알아들을 수 있다.

또 영은 그 말을 자기 마음의 상태 그대로, 거의 자기 스스로는 의식하지 못한 채 소리내어 이야기한다. 거기에는 인간과 같이 여러 가지 기존적인 비평이나 판단에 괴롭힘을 당하는 일은 없다. 이런 사실을 보아도 알겠지만 영의 말은 전부 순백의 눈처럼 그의 본심 그대로인 것이다. 그리고 본심 속에 아무리 미세하고 미묘한 것, 그리고 희미한 것이라도 그는 표현할 수 있다. 그것은 인간에게는 생각할 수 없는 영의 예민한 감수성에 의해서 듣는 이는 말하는 이의 속마음 전부를 알 수가 있는 것이다.

140

의사(意思)와 감정과 지성은 영의 경우도 인간과 마찬가지로 마음의 본성을 결정하는 중요한 열쇠가 되며, 마음의 본성이 결국은 그 인간이나 일생을 결정한다는 것을 생각한다면 사람들에게는 이미 아까의 두루마리가 노인의 영 앞에 나타난 이유를 추측해서 알 수 있을 것이다.

그렇다, 노인의 영은 젊은이의 영의 이야기를 들으면서 그 이야기의 내용과는 다른 그의 영으로서의 마음의 전부를 음성의 하모니의 변화, 음색, 음절과 말의 배열 속에서 느낄 수가 있었고, 이것이 표상으로서 눈앞에 젊은이의 영의 생애를 나타내는 두루마리로서 나타난 것을 보았음에 지나지 않는다.

영계에서의 문학의 경이

언어가 있는 영계에 문자가 존재한다는 것은 세상 사람들이 상상하는 그대로이다. 그러나 영계의 글자는 그 글자 획이나 모양이나 또 사용법 등 여러 가지 면에서 인간계의 글자와는 큰 차이가 있다.

그 가장 큰 차이점은 영계의 글자에는 이 세상의 글자와 비교해서 곡선이 많고, 문장을 보았을 때의 전체적인 인상으로서도 역시 그런 인상을 받는다는 점, 또 하나는 여러 가지 의미를 포함한 상징으로서 숫자가 사용된다는 것과 그 위에 영계의 말처럼 영계의 글자는 인간계의 글자와 비교해서 수가 적은 글자 안에 퍽 많은 의미를 넣을 수 있다는 점 등이다.

영계의 글자는 복잡하고 미묘하며 또한 정묘하므로, 지금 이 세상에 돌아와 수기를 쓰고 있는 나에게는 정확하게 모든 것을 기억해 낼 수는 없으나 이 글자에 내포되어 있는 의미라든가 사용되는 방법 등의 예만을 인간의 글자로 고쳐서 표시하면 다음과 같이 된다.

```
11
영원한 상태일 때 영과
교류한다. 참가할 것인가
··············
```

영계에서는 맨 처음에 숫자가 씌어 있고, 그 다음에 문장을 쓰는 것이 일정한 규칙으로 되어 있다. 숫자가 포용하고 있는 뜻은 퍽 넓으며 수없이 많은 복잡한 조합, 예를 들면 12, 25…104 등과 같은 것인데, 이 숫자가 이 문장 전체의 취지와 쓴 자가 누구인가, 언제, 무엇 때문에 썼는가… 등등을 모두 나타낸다.

그러나 세상 사람들은 여기에 씌어진 11이라고 하는 숫자에 그 많은 뜻을 포함하는 것이 불가능하다고 생각하겠지만, 영계에서 '영원한 상태(영의 상태를 말함)가 양호할 때에 영과 상념의 교류를 행한다. 이에 참가할 뜻이 있는가……'라고 말하고 있는 것으로 밖에는 보이지 않는다. 그러나 실은 이 문장 속에는 인간의 글자로 고치면 아마 한 권의 책이 될 정도의 뜻이 포함되어 있으며, 이 문장을 읽는 영에게는 그것을 바로 알 수 있다.

그 이유는 숫자 속에 많은 뜻이 있다고 말한 것과 마찬가지로, 그 선이 굽은 상태, 씌여 있는 위치, 앞 글자와 다음 글자와의 간격, 글자의 크기라든가 경사도, 같은 글자라도 그 모습이나 형태의 사소한 차이 같은 것에 영들은 많은 뜻을 담아, 이것을 상대편에게 전할 수 있기 때문이다.

이 예에도 어느 단체의 어느 영으로부터 어느 영에게 보낸 문장인가, 또 상념의 교류를 하는 상대편 영은 어디에 속한 영인가, 그것은 언제 하는 것인가, 또 상대편 영은 어떤 성격의 영인가, 또 어째서 하게 된 것인가 하는 등등의 당면한 필요사항 전부가 포함되어 있다. 그리고 그것뿐만 아니라 지금 문장 쓰는 곳의 영의 단체는 어느 정도의 영이 있고 어디에 소재하고, 어떤 상태에 있는가, 그 단체 전체의 영의 성격은 어떠한가 하는 것 등이 몇 십만이라고 하는 하나하나의 영에 대해서 씌여 있는 것이다.

이런 일은 인간계에서는 도저히 생각지도 못할 일이지만, 이 모든 것은 아까 말한 글자의 곡선의 굽은 모양이라든가 글자의 배치 …속에 틀림없이 뜻으로서 들어가 있다. 물론 이 글자를 읽는 영에게는 쓴 영의 얼굴 모습이 떠오를 뿐만 아니라 씌어 있는 것에 따라서는 그것이 이미지로서 그의 시야안에 표상되어 나타나기도 하는 것이다.

영계의 글자는 곡선이 많다고 앞에서 말했는데, 내가 영계에서 최초로 본 것은 어딘가 이집트의 신성(神聖)문자 아니면 그리스 문자와의 유사성을 느끼게 하는 한편, 어린이가 아무런 뜻도 없이 내갈긴 장난 같은 인상을 받았다. 그리고 글자와 글자 사이가 연결되어 있거나 일정치 않은 간격으로 떨어져 있기도 하고, 또 같은 글자라도 왼쪽을 불록하게 했다거나 반대로 오른쪽을 튀어나오게 한 것같이 보였다.

또 곡선이 굽은 모양이란 하나도 비슷한 점이 없고, 이것도 거기에 많은 뜻이 포함되어 있다는 것을 아직 몰랐던 나는 가지런하지 않다는 인상만을 받았던 것을 기억하고 있다.

또한 영계의 글자가 이집트의 신성문자나 그리스 문자와 유사하다는 느낌을 품게 하는 이유는 아주 먼 태고적, 아직 인류가 글자를 갖지 않았던 무렵에 그들은 영계의 글자를 빌어썼다고 하니까 그 흔적이 신성문자와 같은 고대문자에 남게 되었는지도 모른다.

영계의 글자가 영계의 말과 같이 많은 뜻을 품는 방법은 역시 말의 경우와 비슷하다. 그리고 또 표면상의 뜻으로부터 더욱 깊은 곳에 그것을 쓴 영의 감정이나 의지나 지성 등 까지 표현하기 위해서도 말의 경우와 비슷한 것이다. 즉, 곡선이나 글자의 모양, 배치로서 글자의 표면에 나타난 뜻 이상의 뜻을 표현함과 동시에 문장 속에 포함되는 하모니의 흐름(영계의 글자에서는 이것은 음악의 리듬처럼 음으로서 귀에 들리는 경우까지도 있다. 즉 글자가 소리를 낸다)이나 글자의 선택방법 안에 틀림없이 이것들이 나오게 마련인 것이다.

나는 영계에 막 들어가 아직 얼마 되지 않은 영을 상대로 다른 영이 영계의 글자에 대해서 그에게 설명하고 있는 것을 본 일이 있다.

"이 글자를 읽어 보라."

이렇게 말하면서 그 영은 새로운 영에게 작은 종이쪽지를 주었다. 새로운 영은 영계의 글자는 물론 자기는 이 세상에 있었을 때에도 글자를 읽지 못하는 문맹이었다고 말했다. 그런데 그는 종이쪽지를 들여다보고는 눈을 둥그렇게 떴다.

"내가 글을 읽다니, 이것이 도대체 어떻게 된 거야!"

그러자 고참의 영은 그 종이쪽지를 일단 도로 빼앗아 밑에 놓고 그 위에 자기의 손을 얹은 후 또 한 번 종이쪽지를 새로 온 영에게 보였다.

─그대는 이제 영계의 글자를 쓸 수도 있다!

새로운 영은 종이쪽지에 그렇게 씌어 있는 것을 읽을 수 있었다. 다음에 그는 자기도 똑같이 종이쪽지 위에 손을 얹었다. 그러자 그 손은 자유자재로 종이쪽지 위에서 움직였다. 물론 그의 경우에도 글자는 씌어져 있었다.

영계의 글자는 굳이 배우지 않아도 자유롭게 읽을 수 있고 ,또 쓸 수 있다. 글자를 쓸 경우 영들의 손은 종이 위의 공간에서 자유자재로 무의식중에 움직인다. 그러면 거기에 그들의 마음속에 있는 것이 술술 적혀진다. 그 생각은 물론 감정의 작은 움직임까지도 글 자체나 곡선의 변화로서 글자 안에 그대로 표현되어 나온다.

그리고 마지막으로 언어와 문자에 덧붙여서 좀 말해둘 것이 있다. 그것은 영계에는 인간계에 있는 말과 글자가 모두 있다. 그 밖에도 몇백만이라고 하는 말이나 글자가 있으나 이것들은 인간계의 말이나 글자로는 표현할 수 없다는 것이다. 왜냐하면 영계에는 인간계에는 없는 사물이나, 인간에게는 도저히 상상할 수조차 없는 복잡하고 미세한 영들의 감각이나 마음의 움직임이 있어서 이것들은 인간계에서는 그것과 대응하는 말과 글자가 없기 때문이다.

말과 글자만을 가지고 말하더라도 인간계는 영계에 거의 미치지 못하는 저급한 세계라고 할 수 밖에 없다.

7. 영계에서 만난 역사상의 인물들

영계에서 만난 역사상의 인물들

나는 영계에서 많은 역사상의 인물들과 세상에 있을 때에는 알지도 못했던 이방인들, 아시아 사람들과 만날 기회가 꽤 많았다. 그리고 그들과 자유롭게 담화할 수 있었다.

인간세계에서는 말이 달라서 이야기를 나눌 수 없었던 사람들과도 영계에서는 자유롭게 이야기를 할 수 있었다. [역자 주]

이 중에는 이야기가 몇 시간에서 몇 일에 걸린 것 등 여러 가지가 있었는데 특히 내 인상에 강하게 남아있는 것 몇 가지를 여기에 기술해 보기로 한다.

나는 한 사람의 영과 현대의 종교 관계자들이 영에 대해서 너무나도 인식이 부족하다는 이야기를 나누고 있었다. 그는 이렇게 말했다.

"그러니까 나는 당신의 말을 듣고 현대의 교회 관계자들 중에 고대 교회에 있어서와 같이 마음이 탁 트이고 대오각성한 사람이 없다는 것을 알았다. 종교는 원래 아시아에서 일어나서 그 후 여러 나라에 전파되었다. 아시아에는 대오각성한 사람이 많이 있을 것이다."

나는 그래서 영(靈)의 문제에 대해 그와 이야기를 나누었다. 그는 이 말에 더 없이 기뻐하면서,

"당신의 말 한마디 한마디에 영적 의미가 포함되어 있다. 어떻게 현대의 종교 관계자들이 그 의미를 알 수 있으리오."

라고 말하면서 고개를 갸웃해 가며 한탄했다. 그리고 다음과 같이 말을 이었다.

"영계와 영에 대한 일을 세상 사람들에게 알려야 되겠소. 그 이외에 세상을 구제할 길이 없지 않은가!"

그와 대화를 나누고 있는 사이에 다른 영이 끼어들어 좋지 않은 말참견을 하는 일도 자주 있었지만, 그는 그런 것에 대해서는 일체 마음을 쓰지 않고 이야기를 계속했다.

"이렇게 다른 이견(異見)을 가진 영이 많은 것도 별로 이상할 것 없소. 그것은 그들이 육체적 생애를 보내고 있었을 때에 학자나 종교 관계자들로부터 잘못된 생각이 감염된 결과이오. 세상에 충만해 있는 잘못된 생각을 일소하지 않고서는 그들로 하여금 진리를 가까이 하게 하기는 어렵소. 모든 현대의 학자, 종교 관계자들은 눈이 있어도 보지 못하는 마치 배움이 없는 사람 같소.

【역자 주】스웨덴보그는 생전에 사람들에게 역사상의 어떤 인물과도 영계에서 자유롭게 교신할 수 있다고 공언했다. 그리고 또 원하면 사람들이 보고 있는 앞에서 이것을 실제로 해 보였기 때문에 당시 온 유럽에 불가사의한 인물, 영매(靈媒)로서 유명했다.

나는 그의 말에 일일이 수긍했으나 이상하게 여긴 것은 그의 말의 리듬에 어딘지 아름다운 라틴어의 음향 비슷한 것을 느낀 일이었다.

그 후의 대화 중에 그는 로마나 케사르에 대해서도 약간 언급하고, 또 그는 자객에 의해서 암살당한 사람이라고 말했다. 나는 그의 생김생김과 언어, 이야기의 내용이나 태도 등으로 미루어 보아 그는 키케로(Ciero, 106~34BC 로마의 웅변가, 정치가, 철학자)였다고 생각한다.

나는 이 밖에도 고대 사람들과 이야기한 일이 있었다. 그때 그들은 내가 있는 곳의 정면 멀리 떨어진 위치에 있었는데 서로 얼굴을 마주 보는 것만으로 서로의 생각을 전할 수 있었다.

그 중의 생각이 훌륭한 것임은 그들과 얼굴을 마주 보고 있을 때 내가 그들의 머리 위에 아름다운 표상이 나타나는 것을 본 것만으로도 알 수 있었다.

이 표상은 그들이 나에게 전하려고 마음먹고 있는 그들의 마음속이 시각(視覺)에 비치는 형태로 바깥에 나타났기 때문이다.

나는 또 그 성질은 이성적이라고는 할 수 없으나 마음이 깨끗한 이방인을 만난 일이 있다. [역자 주: 중세에 있어서는 유럽인은 세계를 두 인종, 즉 기독교도와 그 밖의 이방인으로 나누어 생각했었다]

그는 기독교도는 아니었으나 유럽의 신화, 그 중에서도 슬픈 이야기를 해주었더니 비탄을 풀길이 없고 고통스럽기 짝이 없다는 모습으로 망연자실해 버리는 것이었다. 그는 무지했지만, 거기에 일종의 순수한 것이 있었다.

나는 어느 날 아침에 멀리서 들려오는 합창 소리를 들었다. 그리고 그 소리 속에 암양, 보리떡, 흑단으로 만든 비수 등을 나는 마음의 눈으로 보았다. 그리고 동시에 하늘에 떠 있는 누각 비슷한 것도 내 마음 속에 나타났다.

나는 이 표상들로부터 합창 소리의 주인공이 중국인임을 느꼈다. 이윽고 그들은 가까이 왔는데 역시 일단의 중국인의 영들이었다. 그들은 내가 그들의 눈앞에 있는 것을 알고 나에 대해서 마음속에 약간 혐오감을 느낀 것 같았는데, 이것은 나도 곧 알 수 있었다. 그러나 이것은 세상에 있을 때 기독교도는 그들보다도 선(善)하지 못한 생애를 보낸다고 들었기 때문임을 알았다.

그들과도 중국에 관한 일과 아시아에 있는 여러 나라에 관한 일을 이것저것 이야기를 나누었는데 그것을 여기에 기술하는 것은 생략하겠다.

또한 위에서 말한 것 이외에도 나는 영계에서 많은 사람들과 만났다. 그 중에는 역사상에 그들이 세상에 있었을 때의 사정이 알려져 있고, 그 인격도 알고 있었으므로 내가 곧 그 사람이라고 알 수 있는 사람들도 적지 않았다. 또 내가 실제로 그들과 세상에서 교제했고, 얼굴도 아는 자들과 영계에서 만난 일은 수없이 많이 있다.

그들 중에는 영계에 들어와서 얼굴이 변한 사람들도 많았다. 또는 반대로 세상에 있었을 때와 별로 달라지지 않은 자들도 많았다. 얼굴이 변한 자는 세상에 있었을 때에 예의나 관습 혹은 이해타산이나 계략에 의해서 그들의 인격과 본성을 속인 외모를 갖고 있었던 자들이다.

태고의 영(靈)은 말한다

나는 영계에서 성운(星雲)의 단체라고 영들이 부르고 있는 단체를 방문하여 태고적 사람들의 영과 만난 일이 있다. 이 단체는 영계 안에서도 특히 다른 단체와는 아주 멀리 떨어져 있는 곳에 있었고, 그들이 다른 단체와 현저하게 다른 특징은 이 단체의 영들 대부분이 인간이 인간으로 진화되었을까 말까 한 멀고 먼 태고적 인간들의 영이라는 데에 있다고 하겠다.

그리고 성운의 단체라고 불리는 이유는 영들의 영시력으로도 확실히 볼 수 없을 만큼 다른 영의 단체와는 멀리 떨어진 곳에 있다는 것, 그렇기 때문에 이 단체를 바라보아도 하나의 구름처럼 공중에 떠 있는 희미한 덩어리로 밖에는 보이지 않기 때문이다.

이 단체의 중심령은 태고의 영들 중에서도 가장 오래된 영이며, 전 세계를 통해서 가장 오래된 장로급에 해당하기 때문에 영계의 일에 대해서는 모든 것에 통달해 있고, 또 특히 영계 안에서 과거에 일어났던 일 전체가 그의 기억 속에 새겨져 있는 것이다.

그 위에 이 영의 뛰어난 영적 능력은 그가 만약 희망하기만 한다면 영계 안에 있는 모든 영과 동시에 상념의 교류를 할 수 있을 정도라고 소문이 나 있었다.

내가 방문했을 때 그는 같은 성운의 단체 영들에게 둘러싸여 담소하고 있었다. 내가 방문하자 그는 다른 영들에게 자리를 비키라고 하고서 나에게 곁에 앉으라고 불렀다. 그를 둘러 싸고 있었던 영들은 모두 다 나를 환영한다는 뜻으로 나를 향해 얼굴을 돌렸는데, 그들의 얼굴은 한결같이 어느 영의 얼굴이나 때묻지 않은 순박함이 역력하게 나타나 있었다.

그들의 얼굴 생김생김은 소문에 들은 뛰어난 그의 영능력으로 상상했던 것과는 달리 이성(異性)이나 지성의 예리함 등은 어느 면에도 나타나 있지 않았었고, 다른 영들과 다름없이 순진하고 순박하여 마치 동심(童心)이 그대로 얼굴이 된 듯한 온화함과 평화스러운 인상을 주었다.

"그대는 현대의 영이겠지. 그렇다면 우리 영계에서 경험한 옛날 이야기를 해주지…"

그는 내가 그에게 묻고자 했던 일을 앞질러 이야기하기 시작했다.

그는 나에게 그가 영계에 들어온 후인 몇 백만 년 이전부터의 일에 대해서 여러 가지 이야기를 해 주었는데, 나는 그 중에서 두세 가지만을 골라 여기에 적기로 하겠다.

어느 때,—그것은 몇 백만 년 전의 일이었는지, 몇 십만 년 전의 일인지 그에게도 정확하게는 알 수 없다고 했다—그는 영계를 그림자처럼 방랑하는 몇 사람의 영을 본 일이 있었다. 이 영들의 모양은 보통 영들과는 달랐었다는 것, 그리고 그렇게 모양이 다른 영이 몇 사람씩 한 무리를 이루고 있는 것이 그의 주의를 끌었다.

그래서 그는 이 영들을 응시하고 있었다. 그러자 그에게는 이 영들은 일시적으로 자기들의 육체를 이탈하여 인간계를 떠나, 더구나 정령계에 얼마동안 있지도 않고—아마 전혀 있지 않았다고 해도 좋을, 다만 정령계를 그대로 통과해 온 것이었으리라고 그는 말했다—영계로 불쑥 들어온 자들인 것을 알았다. 더구나 그들은 머지않아 대홍수를 만나 죽을 영들임을 알았다.

그의 눈은 사실 정확했다. 그로부터 얼마 후 몇 백만 명이라고 하는 인간의 영이 영계에 한꺼번에 들어왔다. 그리고 이 영들 가운데에는 아직 인간계에 있었을 때의 일을 기억하고 있는 자도 있었으므로 그는 물어보았다. 그래서 그들은 이집트의 나일강이 범람해서 논밭도 집도 망실하고 사망한 자들임을 알게 되었다고 한다. 그리고 그는 말했다.

"처음에 영계에 나타난 영들은 특히 영적인 눈이 빨리 열린 자들이었다. 그래서 그들은 홍수를 만나 죽기에 앞서 이것을 예감하고, 그들의 영이 육체를 이탈하여 영계에 나타난 자들이었다.

그는 이 이야기에 이어 인간계와 영계와의 관계에 황금시대, 백은시대, 청동시대가 과거에 있었고, 현재는 흑철시대가 되어 있다고 했다.

"그 몇 개의 영들과 같은 일은 요즈음에는 전혀 없는 일이다. 그것은 흑철시대이기 때문이다. 황금시대는 물론 과거의 백은시대에는 꽤 자주 있었던 일인데……"

황금시대, 백은시대라고 하는 것 등은 나도 처음으로 듣는 말이었으므로 그 뜻을 전혀 알지 못했었는데, 그는 그것을 다음과 같이 설명했다. 즉, 과거 특히 태고의 인간이 아직도 정직한 마음을 갖고 있던 무렵에는 그들의 마음은 우주의 길을 전부 순진한 마음으로 솔직하게 받아들여 생활하고 있었다. 이 때문에 태고의 인간들의 마음은 영계나 영의 일에 관해서 요즈음 사람들보다도 훨씬 더 진보된 생각을 가지고 있었다.

간단하게 말하자면, 태고적 사람들은 영적인 생활을 보내고 있었다는 것이다. 그러나 시대가 지남에 따라 인간들의 관심은 보다 더 세속적인 것이나 물질적인 것, 그리고 외면적인 지식이나 학문 등, 그의 표현을 빌리자면 '정도가 낮은' 일에 마음을 빼앗기게 되고, 그에 따라서 영계의 일에 대해서는 차차 멀어져 가게 되었다.

영계와 인간계와는 과거일수록 긴밀했는데 시대가 지남에 따라서 거리가 멀어지게 되었고, 현재에 있어서는 마치 전혀 아무 관계도 없는 것인 양 따로 따로 떨어져 버리게 되었다. 그리고 인간들은 영이나 영계가 있는 것조차도 알지 못하게 되어 버렸다.

이런 사실을 태고적 황금시대, 다음이 백은시대, 그리고 청동시대, 흑철시대라고 이름지어 부르고 있다. 이것은 영계에 새로 들어오는 영들과 이야기를 해보면 시대가 내려감에 따라 영적인 각성의 정도가 저하되어 가고, 그들의 영적인 각성을 진보 발전시키는 데에 보다 더 많은 시간이 걸리는 것을 보아도 알 수 있는 일이다.

나는 그의 이야기와 내가 앞에서 기술한 키케로의 이야기에는 공통점이 있음을 느꼈다. 그는 마지막으로 이렇게 말했다.

"그 몇 사람인가의 영들은 인간으로 있었을 때 이미 영적으로 꽤 밝은 눈을 가지고 있었다. 그래서 그들은 자기들의 죽음을 미리 알고, 또 죽음에 앞서 그들의 영은 육체를 이탈하여 영계에 들어올 수 있었던 것이다."

8. 지하의 영계—지옥계(地獄界)

종교에서 말하는 지옥계는 가공의 세계

수많은 영들이 한 사람의 영 주위를 둥그렇게 둘러싸고 앉아 있었다. 나도 무슨 일인지 궁금하고 흥미를 느꼈으므로 가까이 가 보았다. 그것은 원의 한가운데에 서 있는 한 사람의 영이 이야기를 해주고 있는 광경이었다.

열심히 귀를 기울이고 있는 청중인 영들의 모습으로 미루어 보아 그 이야기가 꽤 재미있는 내용의 것인 듯 했고, 또 그들이 모두 흥분을 느끼고 있는 것을 나도 알았다.

그의 이야기는 다음과 같은 것이었다.

—나는 그때 문득 사람(영)이 이야기하는 소리를 들은 것 같은 생각이 들어 잠에서 깨어나 눈을 가늘게 뜨고 아무런 생각없이 망연히 주위를 둘러보았다. 주위는 보통 때보다도 퍽 어두웠는데, 나는 아직 나 자신이 잠에서 덜 깨어 그런 것이리라 생각하고 별반 신경을 쓰지 않았다. 그리고 잠시 후 눈을 다시 비비고 보아도 여전히 주위는 캄캄했었다. 그 무렵에는 이미 나 자신은 완전히 잠에서 깨

어나 있었으므로 이것 참 이상한 일이군, 왠일일까? 하고 의심이 부쩍 났다.

그런데 다음 순간, 나는 지금까지 한 번도 보지 못했던 광경을 눈에 대하고는 심장이 멎을 정도로 놀랐다. 희미하게 빛이 비치고 있는 어둠 속을 통해 수많은 영들이 지금 막 여러분이 나의 주위를 둥그렇게 둘러싸고 있는 것과 같이 원을 이루고 있는 그 한가운데에 한 사람의 몸집이 큰 영이 서서 무엇인가 큰 소리로 외치고 있는 것이었다. 그러나 이런 것 만이라면 나도 심장이 멎을 정도로 놀라지는 않았을 것이다.

나를 놀라게 한 한 가지는 내가 자신도 모르는 사이에 지하의 큰 동굴 안에 갇혀 있는 것 같다는 것을 알게 된 일과 그리고 이곳 영들의 얼굴 생김생김이나 모습이 어느 것을 막론하고 정말 천차만별 다른 얼굴인데, 그 얼굴 모습이 전부 마치 이야기에서 들은 지옥의 흉악한 귀신을 연상케 하는 무섭고 기괴한 자들 뿐이었다는 것이다.

나는 지금까지 지옥의 흉악한 귀신 따위는 옛날이야기 속의 존재로 밖에는 생각하지 않고 있었는데, 지금 바로 내 눈 앞에서 본 것이다.

그들의 얼굴 생김새는 어떤 자는 눈이 쑥 들어가 해골 같은 눈 가장자리만이 어두운 구멍이 되어 있고, 볼은 살이 떨어져 있었다. 또 어떤 자는 이를 드러내고 히죽히죽 보기 싫고 기분 나쁜 웃음을 얼굴에 띄고, 어떤 자는 얼굴 반쪽이 달아나 버린 반쪽 얼굴이었다.

또 짐승을 연상케 하는 얼굴 생김새, 망령으로 밖에는 보이지 않는 모습 등 각양각색의 괴기한 모습들이었다. 이 가운데에서도 특히 무섭게 생긴 것은 원 한가운데에 서서 고함을 지르고 있는 영이었다.

그는 키도 다른 자들의 배 가까이나 될 정도의 거인이었고 그 얼굴에는 이것 또한 얼굴 전체를 가득 차지하는 것 같은 두 눈알을 이글이글 빛내면서 귀 가까이까지 째진 커다란 입으로부터는 새빨간 혀를 뱀처럼 날름거리며 고함을 지르고 있었다.

나의 놀라움이나 두려움은 여러분에게 완전히 설명할 수 없을 정도였다. 나는 배에 힘을 주고 이를 악물고서 마음을 단단히 고쳐먹고는 다시 주위를 자세히 둘러보았다. 그랬더니 역시 그곳은 지하의 동굴 안이었다.

다만 보통 동굴과 달랐던 것은 이 동굴이 어디까지 계속되어 있는지 그 안쪽 깊이를 짐작할 수조차 없는, 아니 왠지 모르지만 나에게는 절대적인 확신으로 깊이가 한정이 없는 무한한 것이 아닌가 하고 생각되었다. 그리고 또 거리조차 알 수 없이 먼 동굴 저 안쪽에 어두운 붉은 빛이 작고 희미하게 보였던 것이다.

원 한가운데에 서 있었던 영은 연설을 하고 있었던 것이다. 그는 다음과 같은 말을 하고 있었다.

"이제야말로 너희들은 지계의 영이 된 것이다. 너희들은 지옥계에서 영원한 삶을 받은 행복한 자들이다. 항상 지상에 있는 영들을 유혹해서 그들을 어두운 길로 유인해 오지 않으면 안 된다. 너희들이 이 일을 통해서 더욱 더 너희들은 영원한 삶을 축복할 수가 있는 것이다. 너희들을 환영하는 표시로 나는 너희들 한 사람 한 사람과 환영의 인사를 나누기로 하겠다. 그러고는 괴기한 모습으로 영들의 한 사람 한 사람과 기묘한 인사를 나누기 시작했다. 그리고 둥그렇게 원을 이루고 있었던 영들 전원과의 교환 인사가 끝나자, 내가 있는 곳을 가리키면서 소리쳤다.

"너희들은 저것을 보아라. 저것도 영이니라. 그의 모습이 아무리 추악하게 보이더라도 놀라지 말라. 저 영은 지금부터 너희들의 하인으로서 혹사당할 영에 지나지 않기 때문이다."

그런 후 그는 이번에는 나를 향해 소리쳤다.

"너는 이 원 안으로 썩 나서거라. 내가 너를 조사 좀 해봐야겠다."

나의 공포와 굴욕은 최고조에 달했다. 그런데 마침 이때였다. 영계 전체를 뒤흔들 것 같은 땅울림이 일어났고, 또 산사태가 나고, 커다란 암석이 하늘에서 떨어지는 것 같은 소리가 났다.

내가 정신을 차리고 보니 실제로 산들이 그 꼭대기로부터 무너지고 거대한 바위가 산중턱을 요란스러운 소리를 내면서 떨어지는 광경이 내 눈 앞에서 일어났다. 나는 공포에 떨면서 절규했다.

"내 목숨은 이것으로 끝났다. 나는 산에 깔려서 이제 죽는구나!"

내가 그 후 다시 제정신이 들었을 때는 나는 지금 여러분과 이렇게 이야기 할 수 있는 영계로 되돌려졌다. 그 산사태는 산그늘에 정착해 있는 흉악한 영들을 우리 단체의 주령(主靈)이 퇴치해 준 산사태였던 것이다. 나는 정말 위기일발의 순간에 처해 있었던 것이다.

여기까지 이야기하고 난 그는 그 때의 무서웠던 광경을 다시 생각해 낸 것처럼 몸서리를 치면서 말했다.

"지금 당신들에게 이야기한 것은 내가 보았던 지옥계의 모습이다. 지옥계는 정말 무섭고 불유쾌한 곳이다. 당신들도 정신 차리고 지옥계에 가까이 가는 일 따위는 하지 말아야 될거야."

이 영의 이야기는 나 자신으로서도 처음 듣는 지옥계의 실제 경험담이었다. 나는 그 후 영계의 경험을 쌓아감에 따라 지옥계의 사정에도 밝게 되었는데, 나는 이 항 이하의 수개 항에서 지옥계의 갖가지 모습을 기술하려고 한다.

또한 먼저 알려 두지만, 내가 지금부터 기술하는 지옥계는 어디까지나 영계 안에 있는 하나의 세계(그것은 추악한 세계이긴 하나)로서의 지옥계이지, 종교 등에서 사람들에게 공포감을 일으키게 하고 사람들을 선한 길로 이끌기 위한 방편으로 삼는 그러한 가공적인 지옥과는 전혀 다르다는 것이다.

나는 정령계에 대해서 말할 때 인간이 죽은 후에 그 영은 처음에는 정령계로 들어가서 거기에서 어느 기간 동안 지낸후 어떤 자는 영계로 가고, 어떤 자는 지옥계로 간다는 것을 약간 언급했다. 그렇다면 영계와 지옥계, 그리고 정령계는 어떤 관계에 있는 것일까?

영의 세계는 실은 지금 말한 3개의 세계를 한데 묶은 것이라 할 수 있다. 이중에서 정령계는 영의 세계 안에서 중간지대라고 할 수 있는 특별한 세계이며, 영계와 지옥계는 각각 성질을 달리한 영들이 살고 있는 2개의 이질적인 세계이다.

정령계에서는 영계로도 지옥계로도 갈 수 있는 통로가 나 있으나, 영계와 지옥계 사이에는 통로가 없는 것이 보통이며, 2개의 세계는 단절되어 있다. 그리고 지옥계는 영계의 땅 밑에 있다. 그러면 이하의 항에서 지옥계에 대해서 상세히 이야기하기로 하겠다.

영(靈)은 자기 의사로 지옥에 간다

현세에서 나쁜 짓을 하고 부도덕한 생애를 보낸 자는 죽은 후에 지옥에 던져져서 그곳에서 영원한 벌을 받는다. 이것은 동서양을 불문하고 온 세계의 종교 등에서 말하는 '지옥의 가르침'이므로 내가 일부러 여기에 새삼스럽게 소개할 필요는 없으리라. 그러나 이것은 나에게 말하라고 한다면, 종교상의 필요에서 만든 이야기이며, 조금도 근거가 없는 가공의 이야기이다.

내가 기록하는 지옥은 이것과는 전혀 다른 지옥이며, 그 지옥은 따로 현세의 악업(惡業)의 응보로서 던져지는 지옥도 아니거니와 또 지옥에 산다고 하는 사탄(마귀의 대왕)이나 디빌(흉악한 귀신) 등에 의해서 영원한 고통을 받는다고 하는 지옥도 아니다.

내가 여기에 기록하는 지옥은 조금 전에 약간 언급한 것처럼 영계 안에 있는 하나의 세계로서 현실로 존재하는 지옥이기 때문이다.

인간이 죽은 후에 정령이 된 자 중에서 어떤 자가 지옥으로 가는가를 한 마디로 말하자면 결국에 가서 영으로서의 눈을 뜨지 못하고 영계의 존재가 보이지 않는 영들이 간다고 할 수 있다. 그러나 그들이라고 해서 종교에서 말하는 것처럼 현세에서 악업을 쌓았기 때문에 신과 같은 것에 의해서 벌을 받기 위해 지옥에 갈리는 없다.

그들은 오직 그들이 원하는 바에 의해서 스스로 지옥에 가는 것에 지나지 않는다. 다만 이들 영의 세계를 눈뜨지 못하는 정령 가운데에는 확실히 현세에서 악업을 행한 자가 모두 포함되어 있으므로, 그 점에서는 결과적, 표면적으로는 종교의 가르침과 같은 것이 되는 것처럼 보이지만, 실제의 이유는 종교에서 말하는 것과는 전혀 다르다.

지옥으로 가는 정령은 현세에 살고 있었을 때, 가령 물질적인 욕망이라든가 색에 대한 욕망, 속세적인 명예욕 혹은 지배욕 등과 같은 인간의 외면적, 표면적인 감각을 기쁘게 하는 일에만 마음을 쓰고, 참다운 영적인 사항은 극단적으로 경멸했던 자들이다.

이들은 영적 사물에는 전혀 눈이 뜨지 못했기 때문에 정령계에 들어가도 역시 눈을 뜨지 못하는 자가 많다. 이렇기 때문에 그들의 정령으로서의 마음은 영계의 태양빛이나 영류를 자기의 내부에 흡수할 수가 없다. 그리고 정령계에 아무리 오랫동안 머물러 있어도 그들은 영계의 태양빛이나 열이 부여하는 행복이라든가 영적 이성의 빛남을 느끼게끔 되지는 못하고 반대로 그 사이에 있는 지옥계의 불에 마음이 이끌리고 지옥계의 흉령들에게 친근감을 느끼게 된다.

이 결과로 그들은 자기의 희망하는 바에 따라서 그 흉령적인 자연의 마음이 명하는 대로 지옥계에 들어가는 것이다. 이것은 인간에 있어서도 비슷한 자들끼리 모인다는 이유와 꼭같은 것이다.

지옥계의 흉령은 영계의 빛이나 영류로부터 영으로서의 희열이나 행복을 느끼지 못하는 대신에 자기의 욕망을 만족시키는 것을 기뻐한다. 이러한 욕망은 다른 흉령을 지배하거나, 다른 영에게 악업을 행하거나 혹은 다른 영으로부터 칭찬을 받고 싶다고 하는 등의 인간에서 말하자면 외면적, 물질계적인 저급한 욕망뿐이지만, 그러나 아무리 저급한 욕망이라 할지라도 그것을 만족시킨다는 것은 그들에게 있어서 기쁨임에는 틀림없다. 그래서 그들은 이것들을 그들의 '빛'으로 삼고 영원한 삶을 보내게 된다.

영계의 영은 자기들의 생명의 근원도 행복의 원천도 모두 다 태양에 있다는 것을 알고 있다. 그래서 그들은 사실 자신이 자신의 주인이 아니라 태양이야말로 주인이며, 이 태양이 영계의 구석구석까지 미치게 하고 있는 영계의 질서에 따라서 삶을 사는 것만이 가장 올바른 영이 사는 길임을 알고 있다.

이에 반해서 지옥계 영의 생명의 근원은 그들 자신의 욕망이며, 이 욕망이 오직 그들의 빛이 된다. 그래서 그들에게 있어서의 주인은 자기 자신이며, 다른 어떠한 주인도 인정하지 않게 된다. 지옥계가 쟁투(爭鬪)의 장소이며, 고통과 더러움에 가득찬 곳이 되는 것은 그들 하나하나가 자신을 최상의 주인이라고 생각하고 있기 때문이다.

종교에서는 지옥계의 벌을 신이 가하는 것이라고 말하지만, 이것도 전혀 틀린 이야기이다. 지옥계의 벌은 그곳에 사는 흉령 자신이 그 성질 때문에 자초하는 것에 지나지 않는다.

그들은 항상 다른 영을 지배하고, 이를 학대하며 그를 희생시킴으로써 자기의 기쁨으로 삼으려고 하고 있다. 이 때문에 그들의 세계에는 질서가 없고, 있는 것은 오직 추악한 아집의 대립뿐이었다.

그 위에 그들의 악(惡)의 처절함은 그들이 인간계에 있었을 때와 같은 법률이나 사회의 평판, 그들 자신의 이해타산이라고 하는 여러 가지 속박을 벗어나 적나라하고 무시무시한 악을 숨김없이 노출시킨다.

얼굴이 반쯤 달아난 흉령, 해골처럼 눈두덩만 구멍처럼 뚫려 있는 흉령 등 괴기한 영의 얼굴 생김새는 그들이 그 본래의 악의 정체를 영이 됨으로써 숨김없이 노출시켰음을 표시하고 있으며, 그들이라 할지라도 인간이었을 때에는 그 외면적인 용모는 이렇지는 않았을 것이다.

흉령들이 영계의 태양빛을 거부하고 있는 것은 이와 같은 괴기한 모습이 밝은 빛 아래서 노출되는 두려움과 그들에게는 영계의 태양빛이 너무나도 눈부셔서 견디기 어렵다는 두가지 이유에 의해서이다.

지옥계의 양상

나도 실은 단 한번 뿐이지만 지옥에 가는 정령을 따라서 지옥에 들어가 본 일이 있다. 이 장에서는 그때 보았던 지옥의 양상을 자세히 기술해 보기로 하겠다.

나는 어두운 땅굴 같은 통로를 통해서 지옥에 들어갔다. 통로를 얼마나 갔었는지는 알 수 없으나 얼마 후 길은 비스듬히 꺾이고 그곳에 밑으로 내려가는 계단이 있었다. 그러나 이 계단은 20~30계단 정도만 보일뿐, 그 앞은 어디까지나 무한정으로 아래를 향해 있는 것이 아닐까 하는 느낌이 들었던 계단이었음을 지금도 확실히 기억하고 있다.

나는 이 계단을 무서워하면서도 한 계단 한 계단을 조심스럽게 내려갔다. 주위는 어둠에 싸여 있었는데 아주 희미한 빛이 내 주위의 세계를 비치고 있었다. 그러나 그 빛이 어디에서 비치고 있는 것인지는 도무지 알 수가 없었다.

계단을 얼마동안 내려가자 그 계단은 똑같은 몇 개인가의 계단으로 다시 나누어져 있었다. 나는 그 중 한 계단을 골라서 내려갔다. 이 계단을 아주 오랫동안 내려갔을 때, 나는 시커먼 안개 비슷한 것에 계단도 나도 싸여버린 것을 알았다. 그러나 잠시 후 내 눈이 이 시커먼 안개 비슷한 것에 익숙해지자 나에게는 먼 곳에 작고 붉은 색깔을 띤 빛이 있는 것이 보였고, 또 시커먼 안개 밑에 땅 표면 같은 것이 있는 것도 보였다.

나는 지면을 향해 계단을 내려갔다. 그러자 그곳에 계단의 층계참과 같이 조금 넓은 곳이 나왔다. 나는 층계참에 내려 서서 주위를 둘러보았다. 의지할 것이란 오직 아까 보았던 작은 빛뿐이었다.

작은 빛, 그것은 꼭 영계의 태양처럼 무한히 먼 곳에 있는 것같이 보였다. 다만 밝음과 빛의 색깔이 다를 뿐이었다. 이 작은 빛에 비추어 보았더니 내가 층계참이라고 생각했던 것이 계단의 층계참이 아니라, 넓게 퍼져 나간 세계의 일부임을 알게 되었다.

눈이 어둠에 익숙해짐에 따라 나에게는 그곳에 펼쳐진 세계가 영계와 마찬가지로 광대무변하게 넓디넓은 세계임을 알 수 있게 되었다. 그리고 그곳에는 역시 영계와 마찬가지로 수많은 영들이 영원한 삶을 보내고 있었던 것이다.

그런데 이 영들의 모습, 형태, 얼굴 생김새 등은 앞에서 기술한 바와 같이 어느 것이나 추하고 기괴하기 짝이 없었으며, 아무리 생각해도 같은 영이라고 여겨지지 않았다. 어떤 자의 얼굴은 검고 추하며, 또 어떤 자는 얼굴 가득히 곰보 자국이 있었고, 어떤 자는 오싹해지는 이만을 드러내고 있었다.

이 세계에도 역시 영들의 집이나 거리, 나무 등 영계에 있는 것은 빠짐없이 있는 것 같았으나, 그것들은 한결같이 정면으로는 볼 수 없을 정도로 괴기한 모습이었고, 또 이 세계 전체에 코를 찌르는 기분 나쁜 악취가 가득 차 있었다.

나는 이 세계를 아까 말했던 작은 빛 하나를 의지하여 그 쪽을 향해 걸어갔다. 이 세계의 모양은 어디까지 가도 무시무시하고 기분 나쁜 것들 뿐이었다. 어떤 거리의 길모퉁이 같이 보이는 곳에 나왔을 때 갑자기 한 사람의 영이 뛰어 나왔다.

그는 무엇인가 뜻도 알 수 없는 말을 큰 소리로 외치고 있었다. 그러자 그를 쫓아서라도 온 듯 다른 흉령 하나가 뛰어 나와서 아까의 흉령과 똑같이 악을 쓰고 있었다.

내가 놀라서 자세히 보고 있을 사이도 없이 거리의 이곳 저곳으로부터 한결같이 추하고 괴상한 얼굴 생김새와 모습을 한 흉령들이 몇 백, 몇 천이나 모여 들었다.

그들은 누구나 다 그 추악한 얼굴을 더 한층 추하게 찡그리고 큰 소리로 무엇인가를 외치고 서로 욕지거리를 하고 있었다. 나에게는 그들이 하고 있는 말의 뜻이 무엇인지 알 수 없었다. 그러나 그들이

하는 말의 밑바닥에 있는 것은 전부가 노여움, 증오심, 복수의 집념, 거짓말 따위뿐이었고, 그 말투도 도저히 참고 들을 수 없는 것이어서 나의 온 몸을 얼어붙게 만들었다.

그러나 곧 이어서 내 눈 앞에서 일어난 사건은 더한층 나를 견디기 어렵게 만들었다. 그들 전원이 제일 먼저 길모퉁이에 뛰어 나왔던 흉령에게로 덤벼들었다. 어떤 자는 그를 구타하고, 어떤 자는 돌을 던지고, 어떤 자는 밀어붙이고, 또 눈이나 이 사이에 막대기나 혹은 손가락을 쑤셔 넣어 그를 못살게 구는 자도 있었다.

그의 고통에 못이겨 내지르는 비명 소리와 그 괴로운 표정은 나에게 심장을 꿰뚫는 아픔을 느끼게 했다. 그러나 그 수많은 흑령들은 그가 소리를 지를 때마다 잔학행위의 도를 더해 갈 뿐이었다.

나는 너무나도 비참한 상황에 눈을 가리고서 그곳을 떠나 또 작은 빛 쪽을 향해 걸어 나갔다. 그러나 얼마 가지도 않아 그곳에서 방금 같은 사건이 일어나고 있는 것을 목격했다.

나는 이때 침착하게 이 세계 전체를 내려다보았다. 거기에서 내가 본 것은 이 광대한 세계의 도처에서 똑같은 일이 몇천, 몇 만 건이나 일어나고 있는 것이 보였다. 나는 이것이 지옥의 고통임을 비로소 알게 되었다.

다시 얼마동안 걸어 나간 나는 또 계단 같은 것이 있는 곳에 닿았다. 이 추악한 세계에 견디기 어려움을 느낀 나는 이 세상에서 빠져나가기 위해 급히 그 계단을 내려갔다. 그런데 거기에서 본 것은 아까의 세계보다도 더 한층 추악하고 괴기한 세계여서 나는 거의 기절해 버릴 정도였다.

흑령들의 얼굴 생김새와 모습, 형태도 더욱 더 추악하고 무서운 것이었으며, 또 거기에서 보는 일체의 것은 이에 호응하듯 아까의 세계보다도 더한 괴기와 추악함을 보이고 코를 찌르는 악취와 더러움은 더욱 심했다.

나는 이 세계를 어떻게 빠져 나와 돌아올 수 있었는지 알지 못한다. 그러나 이 세계에서 본 것을 좀 더 기술하여 지옥의 세계가 어떤 것인가를 간단히 정리해서 설명해 두기로 하겠다.

지옥의 세계도 영계와 마찬가지로 3개의 세계로 나누어져 있다. 그리고 이 3개의 세계는 위에서 내려다보면 밑바닥이 없는 늪처럼 시커먼 안개 속에 있으며, 밑으로 내려갈수록 흉악한 영이 사는 무서운 세계가 된다. 이 맨 밑의 세계는 정말로 종교 등에서 말하는 가공의 지옥과 똑같은 공포에 싸여 있다고 해도 좋을 것이다.

지옥이라고 한 마디로 말하지만, 거기에는 하나도 같은 것이 없다. 모든 세계에는 천차만별이라고 할 수 있는 상이점이 있고 공통점이라고 한다면 그 어느 세계나 추악함에 가득 차 있고, 흉악한 영들이 살고 있다는 것과 그 세계에서는 항상 증오, 경멸, 보복 따위의 마음과 쟁투로 가득 차 있다는 것이다.

내가 본 지옥계도 여러 가지가 있었다. 어떤 지옥에는 쓰레기와 분토(糞土)만 있었고, 또 음방(陰房)만 있는 지옥도 있었으며, 화재를 만나서 타다 남은 자리와도 같은 인상을 주는 지옥도 있었다. 무섭게 보이는 우거진 숲과 같은 지옥에서는 흉령들이 그 숲속을 맹수들처럼 어정어정 걸어다니고 있었다.

또 지옥의 흉령들에게 공통된 특징은 그들이 아무리 흉악하기 짝이 없고, 흉악한 행동을 즐기는 자라도 모두 어딘가 모르게 생기를 잃고 시체와 같은 '죽음'의 인상을 강하게 주는 점이었다. 이것은 그들이 영계의 참다운 생명의 근원인 영계의 태양과 연관을 갖지 못하고 있기 때문이다.

또 한 가지 말하자면 내가 지옥계에서 본 작은 빛은 이 세상, 즉 자연계 태양의 빛이었다. 아직도 물질계의 욕망이나 아욕(我慾)을 완전히 벗어나지 못한 흉령들은 물질계의 태양빛과 연관을 갖고 살아가려고 하는 태도를, 죽은 후 몇만 년이 지나도 버리지 못하고 있음을 나타낸다. 그러나 이 세상의 태양이 영의 세계에서 빛도 힘도 가질 수 없는 것은 영계의 태양이 이 세상에 거의 빛을 갖지 못하고 사람들에게 그 존재조차도 알려지지 않고 있는 것을 생각해 보면 누구에게나 쉽게 이해될 수 있는 일이다. 즉 영계의 태양은 이 세상에 그 모습을 아주 희미하게나마 보이는 것은 유령이 이 세상에 나타난다거나, 사람들이 죽음의 통지를 받는다든가 하는 극히 드문 때이며, 더구나 한 순간에 지나지 않는 일이고, 이 세상에서 빛과 힘을 갖고 있는 것은 자연계의 태양뿐인 것이다. 영계에서의 이 관계는 정반대로 되어 있는 셈이다.

영계와 지옥계와의 관계

나는 이 항을 기술함에 있어 지금까지와는 조금 색다른 역학(力學) 이야기를 하겠다.

A와 B의 두 힘이 있는데, 그 크기는 꼭 같고 힘의 방향은 정반대라고 하자. 이 때의 두 힘은 각각 힘으로서 존재하고 있지만, 두 힘을 그 중앙에서 하나로 잇는다고 한다면 결과는 제로가 되어 아무런 힘도 작용하고 있지 않는 때와 동일하게 된다. 이것이 즉 힘의 평형인 것이다.

이때 중간에 C라고 하는 힘을 넣는다고 하자, 그렇게 되면 C의 힘이 아무리 적다고 해도 그 C의 힘의 크기와 방향이 A. B. C 전체의 힘의 크기와 방향을 결정하게 될 것이다. 즉 A. B가 아무리 C에 비해서 그 힘이 크다 하더라도 '결정권'을 갖는 것은 C이며, 여기에서 C는 자신의 자유의사를 작용시킬 수 있는 여지를 갖게 된다. 그러면 본론에 들어가기로 하자.

지옥계에서 영계를 보면, 영계의 태양과 지옥계 사이에는 항상 하나의 시커먼 구름이 떠있다. 이 시커먼 구름이 영계의 태양빛과 영류가 지옥계에 이르려고 하는 것을 막고 있다. 이 검은 구름의 정체는 실은 지옥 흉령들의 상념이 모여서 만들어진 것이다. 그러므로 지옥의 영의 작은 단체 위에 뒤덮여 있는 검은 구름은 그 단체를 덮을 만한 크기이며, 큰 단체 위에 덮여 있는 검은 구름은 그 단체만큼 크다.

이에 대해서 영계의 태양빛과 영류는 항상 검은 구름을 몰아 흩어지게 하고 빛과 영류를 지옥계에도 이르게 하려 하고 있다. 여기에서는 언제나 이와 같은 쟁투가 되풀이 되고 있는 셈이다.

때로는 영계의 태양의 힘이 우세할 경우에는 빛과 영류가 지옥계에 도달하여 흉령들에게 참으로 죽음의 고통을 맛보게 한다. 흉령들은 이 고통에서 빠져 나오기 위해서 검은 구름의 힘을 강하게 하려고 하거나 또 다른 장소로 이동시키기도 한다.

영계의 지면에 특히 산이나 큰 바위가 있는 곳, 초원의 웅덩이와 같은 여기저기 그늘진 부분의 그 갈라진 틈에는 기괴한 모양의 동굴 입구 같은 것이 있다.

어떤 것은 진흙 밭 같기도 하고 썩은 물 같거나 소용돌이 같거나 하여 모두가 같지 않은데 이런 곳에서는 때때로 이상한 냄새가 나는 기괴한 연기나 불길이 솟아오르는 일이 왕왕 있다.

이것은 그 밑에 있는 지옥계가 영계를 침식하려고 꾀하고 있는 모습이다. 이에 대해 영계는 산사태를 일으키기도 하고 바위를 굴러 떨어뜨려서 이에 대항하고 있다.

영계에 상·중·하의 3세계가 있는 것처럼 지옥계에도 3개의 흉악의 정도가 다른 세계가 있다. 이것은 영계와 지옥의 힘의 균형을 유지하기 위해서이다.

영계와 지옥계는 이와 같은 평형 속에서 함께 존재하고 있다. 이 평형이 무너지고 영계가 없어졌다고 한다면 지옥계도 존재하지 않게 될 것이고, 반대로 지옥계가 없으면 영계도 존재할 수 없게 될 것이다.

이것이 바로 평형의 이치라고 하는 것이다. 또 2개의 다른 세계의 힘이 평형을 유지하고 있음으로써 인간이 죽은 후 처음으로 들어가는 정령계에 있던 정령들에게 자유가 보장될 수 있다는 것이다.

정령의 자유는 결국 인간의 자유와 같은 것이므로, 이것은 인간의 자유가 이러한 형태로 보증받고 있다고 해도 좋다. 인간은 내가 앞에서 말한 역학의 예에서의 작은 힘 즉 C에 해당한다. 인간이 그 마음에 의해서 A. B 어느 쪽의 방향을 선택하기는 그의 자유이다.

영계의 영들이 생기가 충만하고 영적 이성에 마음이 열려 있는데 비해, 지옥계의 흉령들이 죽음의 그림자를 짊어지고 있는 것도 두 세계의 평형이 상징이라고 할 수가 있다.

다만 여기에서 마지막으로 나는 한 가지만 덧붙여 두겠다. 영계에서 영들에게 참다운 생명과 이성과 행복을 주는 근원도 이 태양뿐이다.

지옥의 불(자연계의 태양)은 영계에 있어서는 이와 같은 힘을 전혀 갖지 못하고 있다. 영계의 영과 지옥계의 흉령의 차이도 결국은 이들 영과 흉령이 2개의 태양중 어느 쪽의 빛을 받아들이는가에 따라 생기는 것이다.

9. 3세계에는 어떤 인간이 가는가?

나는 영계에는 상·중·하의 3세계가 있고, 그 밖에도 '지하의 영계'라고 할 수 있는 지옥계라고 하는 세계가 있다는 것은 이미 앞에서 기술했다. 영계의 일을 기록하는 마지막 장으로 나는 사람들의 가장 큰 관심사에 대한 답을 써 두기로 하겠다.

사람들의 가장 큰 관심사는 인간이었을 때의 생애와 죽은 후에 그 인간의 영이 가게 될 영계와의 사이에는 어떤 관계가 있는가, 있다면 어떤 관계가 있는가 하는 것일 것이다. 나는 이에 대해서는 다음과 같이 대답하겠다.

—관계가 있는가 하는 정도의 것이 아니다. 인간이었을 때의 생애가 그대로 죽은 후에 그가 영원한 삶을 보낼 세계를 거의 결정해 버린다.

이렇게 내가 말하면 사람들은 그것은 종교 등의 가르침에 의해서 이미 오래 전부터 말해온 것, 종교의 교의(敎義)처럼 종교상의 방편이며 가공적인 것을 나도 말하고 있다고 생각하고 말 것 같다. 그러나 내가 말하는 것은 표면적으로는 비슷하고 또 결과적으로도 종교에서 설파하는 바와 중첩되는 부분은 있어도 종교에서 말하는 바와

수호령님에게 인사를 드리고 그분의 보호에 대해
감사하는 마음을 갖는다면 더욱 잘 보살펴 주게 된다

는 근본적으로 전혀 다른 것이다.

이에 대해서는 앞에서 지옥계를 말할 때에 조금 언급해 두었으므로 사람들에게는 이해가 되리라고 믿는다. 즉 종교가 말하는 바는 그 종교의 교의에 맞는 올바른 생애를 보내면, 죽은 후에 그 보수로서 행복한 세계로 들어갈 수 있는 반면, 그 종교의 교의에 맞지 않는 잘못된 생활을 보내면 그 벌로서 지옥에 떨어지고 영원한 형벌을 받는다고 하는 것이다.

그러나 영계에서는 영들이 행복한 세계에 들어가는 것도 또 반대로 지옥계로 들어가는 것도 인간일 때의 생애에 대한 보수나 벌로서 들어가는 것이 아니다. 그것은 인간이었을 때의 생애에 있어서 그의 영적인 내심(內心)이 영계의 어느 세계에 가장 잘 대응할 수 있는 것이 되어 가는가 하는 것에 의해서 죽은 후의 그의 영 자신이 자기의 의지에 의해서 자기 스스로 선택하게 될 것이다.

이와 마찬가지로 상세계에서 살기 위해서는 영의 영적인 마음의 창, 즉 영류를 받아들이는 창이 그만큼 열려 있지 않으면 안 되는 셈이 된다.

만약 중세계나 하세계의 영류에 맞을 만한 영류의 창 밖에 갖지 못한 영이 상세계에 들어가면, 그 영류의 강렬함이나 빛의 밝음에 견디어 내지 못하고 고통을 느끼게 될 것이며, 영적인 영원한 삶을 온전히 보내지 못하게 된다.

요컨대 영적인 영류의 창이 어떻게 열려 있는가 하는 것이 그가 살게 될 죽은 후의 세계를 결정하는 것인데, 그 창이 열려 있는 정도는 인간이었을 때의 생애에 있어서 얼마나 영적인 마음을 열었는가 하는 것의 결과이다.

그러면 어떤 인간의 생애가 영적인 창을 연 생애이며, 어떤 생애가 열려 있지 않은 생애일까? 여기에 와서 사람들은 또 하나의 의문에 부딪치지 않을 수 없다. 그것은 영이라든가, 또는 영적인 창이라든가, 영적으로 눈이 뜨인 인간의 생애라고 해도 영에 관한 일은 너무나도 심원하고 또 높은 경지여서 인간에게는 생각해 볼 수 없는 것이라고 하는 생각이 일반적인 것이 되어 있기 때문이다.

그러나 나더러 말하라고 한다면 이런 생각 자체가 이미 정직하고 순진한 마음을 잃어 가고 있는 사람들의 잘못된 감각에 지나지 않는다. 왜냐하면, 인간은 원래 육체를 가진 물질계에만 속하는 것이 아니라, 영계와 물질계의 양쪽에 속하는 존재이므로 영적인 일을 생각한다는 것은 조금도 어렵지 않기 때문이다.

영적으로 마음의 창이 열린 생애란 간단하게 말하자면 영계의 질서를 알고 이에 유순하게 따르는 생애를 보낸다는 것이다. 그리고 영계의 질서는 인간에게 유순한 마음만 있다면 그 존재를 느낄 수도, 그 모습을 좀 더 구체적으로 지성에 의해서 아는 것도 전혀 불가능한 일은 아니다. 왜냐하면 인간이 살고 있는 자연계와의 사이에는 상응(相應)의 이치라고 하여 사물에 대한 상응이 있기 때문이다.

인간계, 자연계에 있는 것은 그의 상응하는 대응물 전부가 영계에도 있고, 쉬운 이야기로 영 그 자체가 육체의 인간과 너무나도 닮은 존재, 즉 인간의 상응물임은 이미 사람들에게는 내가 이제까지 기술한 것만으로도 잘 알 수 있을 것이기 때문이다. 그래서 마음을

174

유순하게 하고 자연계를 바라다본다.

새와 짐승이나 곤충 등의 동물계, 나무와 같은 식물계이든 모든 생명 있는 것은 불가사의한 자연계의 질서에 의해서 생활을 하고 있다.

이 불가사의한 질서에 솔직하게 감탄하고, 그 질서에 따라 유순한 마음으로 생활하려고 하는 인간은 이미 그 마음속에 영계의 질서라는 것을 어느 정도 감지하고 있는 사람들이다.

영계의 질서가 자연계의 질서와 다른 점이 있는 것은 사실이지만 질서라고 하는 불가사의한, 인간의 사려를 초월한 통일적 세계라는 점에서는 아무런 변화도 없다. 이러한 질서를 가령 희미하게나마 자기의 마음속에 느끼고, 이 질서에 따라 생애를 보내는 사람들은 영적인 마음의 창이 열려 있는 사람들이라고 할 수 있다.

그들은 죽은 후에 영계로 들어가게 되면 즉시 영계의 질서의 진정한 뜻을 이해하고 이에 따른 영으로서의 생활을 실천하려고 쾌한다. 바로 이런 사람들은 상세계에 들어가는 사람들인 것이다.

이 영으로서의 마음의 창이 그다지 열려 있지 않은 사람은 그 정도에 따라서 중세계 혹은 하세계에 살게 되고, 그 창이 전혀 열려 있지 아니한 사람들은 영계의 빛을 견디어 낼 수 없어 지옥계에 가게 된다.

종교 등에서 말하는 교의는 그 교의가 진정한 것이면 이에 따르는 것은 대개의 경우 영적인 마음의 창을 여는 데에 필요한 것이다. 그러나 단지 그것만으로 마음의 창이 열리는 것은 아니다. 가장 근본적인 것은 몇 번이나 내가 말한 '정직하고 솔직한 마음'인 것이다. 또 표면적, 외면적, 세속적인 지식이 영으로서의 마음의 창을 열수가 있다고 단정할 수는 없고, 많은 경우는 반대로 마음의 창을 닫아버리는 일 조차도 있다.

나는 영계에서 세상에 있었을 때 사람들에게 학자(學者), 현자(賢者)로서 숭앙받던 많은 사람들이, 영적인 이성에 있어서는 사회적 지식 등이 없었던 사람들보다도 훨씬 뒤진 영으로 살고 있는 것을 몇 번이나 보아 왔다.

그것은 지식이나 학문을 영적인 마음의 창을 열기 위한 수단으로서 이용하지 않고, 반대로 이 세상을 사는 수단으로 이용함으로써 이것이 그들의 '정직한 마음'을 잃게 한 결과 때문인 것이다.

제3장
영계와 인간과의 관계

1. 다시 태어난 병사(兵士)

그 정령(精靈)의 모습은 다른 정령들과는 어딘가 다른 점이 있었다. 그는 가까이에 있는 10명 정도의 정령들과는 조금 떨어진 곳에서 있었고, 그들과 어울리려고 하지 않았을 뿐만 아니라 그들의 존재도 눈치를 채지 못한 듯이 멍청한 모습을 하고 있었다. 하지만 단지 이런 점뿐이었다면 죽은 지 얼마 되지 않고 또 정령계에 익숙하지 못한 정령에게는 있을 법한 일이므로 별로 색다른 모습이라고 할 수는 없었다.

그는 실제로 겨우 며칠 전에 죽어서 정령계에 온 정령이었던 것이다. 그가 매우 색다른 정령이라는 인상을 준 이유는 실은 다른 데 있었다.

그는 방금 언급한 바와 같이 다른 정령들과는 약간 떨어진 곳에 있었고, 다른 정령들과 어울리려고 하지 않았을 뿐만 아니라 그의 얼굴 표정은 자기 자신이 현재 어디에 와 있는지, 또 자기 자신이 도대체 무엇이 되어 있는지는 물론, 자기가 살아 있는지 죽어 있는지도 그 스스로 알지 못하고 있기 때문에 어리둥절하고 있는 모습이 누가 보아도 알 수 있을 정도였다. 게다가 그는 침착하지 못한 표정을 지으면서 연달아 자신의 목 언저리를 문질러 보고는 깊은 생각에 잠기는 것이었다.

새로운 정령에 대한 환영의 표시로 가까이에 있던 10명 정도의 정령중의 한 정령이 그에게 말을 걸어 왔다.

"당신은 어째서 다른 영들과 어울리지 않소? 그리고 당신은 무엇을 그리 골똘히 생각하고 있는 거요?"

하지만 그는 이 말도 들리지 않는 명청한 표정으로 있을 뿐, 조금도 변화를 나타내지 않았다. 그래서 선배격인 영은 또다시 같은 말을 그에게 물어보았다.

"당신은 어째서 다른 영들과 어울리지 않소? 그리고 당신은……"

그는 이 물음에도 대답하지 않았지만 이번에는 누가 자기에게 말을 거는 것을 알았는지 다음과 같은 마치 독백과 같은 말을 중얼거리는 것이었다.

"나는 아직 살아있는 건가? 나는 아직 죽지 않았단 말인가? 내가 정말 아직 살아있단 말인가?"

그는 잇달아 이런 질문을 자기 자신에게 하다가는 감시 후 자기 자신에 관하여 이야기하기 시작했다.

그는 이승에 있을 때에는 아시아에 있는 어떤 나라의 병사였다. 그리고 그 나라의 병사 중에서 첫째가는 활의 명수였으므로 적국 장군의 목숨을 빼앗기 위해 다른 몇 사람의 궁수(弓手)들과 함께 적국의 성 밑으로 몰래 잠입했다.

그래서 그들은 장군의 저택 밖에서 그가 돌아오기를 기다리고 있었다. 그들은 저택 뒤에 있는 산 속에 숨어 있었고, 칠흑같이 어두운 밤이어서 안심하고 있었지만 그 방심이 그들의 실패의 원인이 되었다.

그들은 갑자기 배후로부터 습격해 온 많은 적에 의해서 살해되었던 것이다. 그는 목이 잘리어 죽은 기억이 있다고 했다. 이 이야기를 끝내자 그는 또다시 조금 전과 같은 질문을 되풀이 하는 것이었다.

"내가 살해된 기억은 틀림없소. 그런데도 나는 아직도 죽은 느낌이 들지 않고 살아있는 기분이오. 그 증거로 나는 이처럼 당신들과 이야기를 하고 있지 않소? 나는 정말 죽은 자인가? 아니면 죽었다는 생각은 나의 한낱 꿈이란 말인가?"

그는 계속 납득이 가지 않는 표정으로 이렇게 중얼거리면서 또다시 자기의 목을 만져보는 것이었다. 하지만 이 정령이 참으로 기묘하고 이상한 정령으로 그곳에 있던 10여 명의 다른 정령들 사이에서 나중에까지 기억되고 있는 것은 그의 이러한 모습이나 이야기 때문만은 아니었다.

실은 그들 10여 명의 정령들은 그 후 이 병사였던 정령을 아무도 만난 일이 없었기 때문이었다. 정령계는 이미 이야기한 것처럼 무한하게 넓으므로 우연하게 만나게 되는 일이 없는 것은 당연한 일이다.

하지만 앞에서도 말한 바와 같이 정령계이건, 영계이건 정령이나 영들은 타인에 대하여 영으로서의 마음속에 떠오르게 하기만 하면 상대방의 영은 즉시 자기의 눈앞에 모습을 나타내게 마련이다. 그렇다면 그들 10여 명의 정령들은 그 후에 그들의 마음속에 강한 인상을 남긴 그 병사의 정령을 마음 속에 떠오르게 했음에도 불구하고 아무도 그를 만나지 못했다는 것은 영계의 상식으로 보아 전혀 이해가 가지 않는 이상한 일이라고 생각하지 않을 수 없다.

그러나 이 이상한 일에 관한 나는 그로부터 수년이 지난 우연한 기회에 이 세상에서 알게 되었다. 그것은 아시아 여러 나라 사이를 왕래하고 있던 상선의 선원에 의해 알려졌고, 세상에서 이상한 이야기로 소문이 퍼진 아시아의 어떤 나라의 어린 아이에 관한 이야기였다.

이 어린아이는 겨우 세 살밖에 되지 않았지만, 아직 한 번도 가본 일이 없는 멀리 떨어져 있는 외국의 거리의 모습을 자세하게 말할 뿐만 아니라 자기는 그 거리에서 13년 전까지 살고 있던 사람이 다시 태어난 사람이라고 말하는 것이었다.

그리고 그 자신은 병사였으며, 그 나라에서 첫째가는 활의 명수였다는 것과 적국의 성 밑으로 숨어 들어가 적의 장수의 목숨을 노리고 있을 때, 반대로 적군의 습격을 받아 목이 잘려 죽었다는 것과, 전세(前世)에서의 이름까지 분명하게 밝히는 것이었다.

뿐만 아니라 이 어린아이는 자기의 목에 있는 상처는 전세에서 목이 잘려 죽었기 때문이라고 하며, 그 상처를 보여 주는 것이었다.(이 어린아이에게는 태어날 때부터 목에 상처같은 것이 있었고, 그의 부모는 그것을 이상하게 생각하고 있었다.)

어린아이의 이야기를 사람들이 반신반의한 것도 무리는 아니지만, 이러한 소문을 듣고 찾아온 전생(前生)의 나라의 상인에 의해서 이 어린아이의 이야기가 진실이라는 것이 증명되자 사람들의 놀라움은 절정에 달했다. 더구나 이 어린아이는 그를 찾아온 상인과 배운 일도 없는 전세에 살았던 나라의 말로 자유롭게 이야기를 나누었다고 하는 것이었다.

나도 이 이야기를 듣고는 그 이상한 정령에 관한 일도 있었으므로 이상한 흥분을 느끼지 않을 수 없었다. 역시 그는 정령계에 단 며칠간만 머물렀을 뿐 현세(現世)에 다시 태어난 것이었음에 틀림없다. 그렇다면 이 정령을 다른 10여 명의 정령들이 그 후 다시는 만날 수 없었던 이유도 납득이 갔다.

하지만 이 이야기에는 지금의 나로서도 이해하기 힘든 몇가지 점이 있다. 그것은 다시 태어났다는 것은 사실이라 치더라도 어떻게 하면 정령이 되었을 때 나중에까지 남는 기억은 현세에 관한 것은 영적인 마음의 가장 깊은 곳까지 달하고 있는 그 개략적인 기억에 한하기 때문이다. 이 점이 내가 이해하기 어려운 점이지만 어떤 사정으로 이런 일이 있을 수 있을지도 모른다.

2. 되살아 난 처녀

죽은 지 몇 시간이 지난 후 힐다는 침대 위에 눕혀져 있는 자신의 유체(遺體)가 조용히 눈을 뜨기 시작하고 있음을 알았다. 하지만 이 것은 물론 이승에 있었을 때에 힐다라는 이름을 가지고 있던 인간 으로서의 그녀가 느낀 것은 아니었다. 그 육체 안에 있던 힐다의 영 이 눈을 뜨고 영으로서의 생애를 시작하려고 했던 것이다.

이윽고 그녀의 영은 자기 주위에 지금까지는 상상도 할 수 없었 던 세계가 새로 열리고, 다음에는 두 명의 인도령(引導靈)의 머리 가 까이로 와서 조용히 앉았음을 알았다.

그녀의 영은 유체 안에서 서서히 일어나 인도령 쪽으로 얼굴을 돌리고 앉았다. 사자(死者)의 영과 인도령과의 상념의 교류가 시작되 려는 순간이었다.

인도령 중의 하나는 힐다의 얼굴을 물끄러미 바라보면서 말했다.

"당신은 이제 정령이지 인간이 아니오. 당신은 지금부터 나의 물 음에 대답하시오."

힐다의 영체는 처음 보는 이 영의 말을 듣고 자기의 귀를 의심했 다. 그리고 이렇게 생각했다.

―나는 얼마 전에 죽었는데, 목소리를 들을 수 있다니 이상한 일이군.―

하지만 인도령의 말소리에는 힐다의 영체에게 반문을 허락하지 않는 권위가 담겨 있었다. 힐다의 영체는 의문을 느끼면서도 잠자코 고개를 끄덕였다. 인도령은 말했다.

"당신은 인간의 육체 안에 몇 년이나 있었소?"

"약 20여 년 됩니다."

영체인 힐다는 이렇게 대답했다.

"당신의 육체는 어째서 죽었으며, 그 원인은 뭐요?"

하지만 이 질문에 대한 대답은 영체의 힐다에게는 이해할 수가 없었다. 이것은 인간으로서의 그녀의 죽음이 너무나도 갑작스런 일이었기 때문이었다. 하지만 힐다의 영체는 그 답을 찾으려고 생각에 고심했다. 그리하여 인도령에게 이렇게 말했다.

"나는 지금 그것을 곰곰이 생각하고 있습니다만 어쩌면 나는 지금 당장은 그것을 알지 못할 것 같습니다."

두 인도령은 이 대답을 듣자 서로 얼굴을 마주 보았다. 이 두 사람의 얼굴에 이상한 대답을 듣는다는 듯한 놀라는 표정이 떨리는 것을 힐다의 영체는 느끼지 못했다.

힐다의 영체는 인도령의 질문에 맞는 대답을 찾으려고 그녀의 뒤에 있는 인간 힐다의 유체를 돌아보았다. 하지만 영이 된 힐다에게 이승에서의 존재인 인간 힐다의 육체가 보일리 가 없었다.

영체의 힐다는 자기가 얼마 동안이나 이 질문에 대한 답을 찾으려고 했는지는 알지 못했다. 그것은 영체의 힐다가 갑작스런 공포와 함께 제 정신이 들 때까지 자기가 무엇을 하고 있었는지조차 몰랐기 때문이다.

영체의 힐다는 너무나 두려운 나머지 자칫하다간 큰 소리를 지를 뻔 했다. 그녀(힐다의 영체)는 공포에 떨고 괴로워하면서 겨우 중얼거리듯이 이렇게 말했다.

"내 몸 안에 인간 힐다의 육체가 들어오는 것 같고, 내 눈은 내 몸 속에 힐다의 육체가 보이고, 그 육체…"

힐다의 영체는 여기까지 말하고는 목소리가 막혀 버리고 말았다.

두 영은 힐다의 영체의 이 말을 듣자 눈을 휘둥그렇게 뜨고 힐다의 영체 이상으로 놀란 표정을 지었다. 그들도 영체 안에 인간 힐다의 육체가 모습을 띠고 들어온 것을 갑자기 보았기 때문이다.

두 인도령은 흥분을 억제하면서 영체의 힐다에게 황급하게 명령했다.

"당신은 인간이었을 때의 육체로 돌아가서 육체의 지배를 계속할지어다. 당신을 영계로 데리고 가지 않는 것이 좋을 듯하오."

영체의 힐다는 이 소리를 하늘에서 수천 개의 천둥이 한꺼번에 울리는 것과 같은 큰 소리로 들었다.

인간의 육체가 죽으면 그 안에서 정령이 눈뜨고, 이 정령은 영계로부터 온 인도령과의 상념의 교환을 한 다음에 정령계로 인도된다는 것은 이미 이 수기의 처음 부분에서 언급한 바와 같다.

거의 볼 수 없는 일이기는 하지만 이 상념의 교환 중에 인도령이 사자(死者)의 영에게 아직 정령계로 데려갈 수 없고, 계속 육체 안에 머물러 육체의 지배를 계속하라고 명령하는 일이 있다. 이것은 인도령이 어떤 이유에 의하여 아직 그 사자의 영을 정령계로 데려가는 것이 시기상조라고 판단했을 경우이다.

이럴 경우에는 힐다의 영처럼 영체 안에 사자의 육체가 들어오는 현상이 일어나고, 사자의 영은 그 들어온 육체를 자신의 영으로서의 몸 안에서 영의 눈으로 보게 되는 것이다.

죽은 사람이 되살아나는 현상은 가끔 일어나는 현상인데, 그것은 내가 여기서 소개한 것처럼 일어나게 된다. 힐다가 인간으로 되살아나서 사람들을 놀라게 하거나 기쁘게 하였음은 더 말할 필요가 없을 것이다.

3. 연기처럼 사라지는 일의 비밀

'연기처럼 사라졌다'고 하여 사람들을 당황하게 하는 현상이 있다. 어느 날 갑자기 그 때까지 평범하게 생활하고 사람들과 자연스럽게 교제하고 있던 사람이 마치 기체(氣體)로 화해서 증발해 버린 것처럼 사람들 앞에서 그 모습을 감춘 채 그대로 행방불명이 되어 버리는 것이 이 현상인 것이다.

그 사람의 그 때까지의 행적이나 성격, 환경을 모두 따져 보아도 그 원인을 알 수 없기 때문에 '연기처럼 사라졌다' '증발해 버렸다' '귀신이 데려 갔다'라고 말해진다.

이 현상 중에는 예를 들어 산이나 들에서 길을 잃고 마을을 찾지 못하고 그대로 사람들에게 발견되지 않은 곳에서 죽어 버린 것처럼 있을 법하고 상식으로도 이해가 가는 것 것이다. 그러나 이 밖에 영계와 어떤 관련이 생겨서 실로 '연기처럼 사라진다'는 말에 어울리는 현상도 수없이 있다. 그러면 그 전형적인 두 가지 경우에 대하여 설명해 보기로 하겠다.

첫째의 경우는 살아 있으면서 영계에 이끌려 가서 인간으로서의 자신은 의식하지 못하는 사이에 사람들에게 눈치채이지 못하는 곳으로 끌려가서 그곳에서 죽어버리는 표면적으로 말하자면 방금 앞에서 예를 든 길을 잃는 것과 같은 결과가 되는 현상이다. 이것은 마치 길을 잃고 사람들의 눈에 띄지 않는 곳에서 죽은 것처럼 보이지만 진짜 사정은 전연 다른 곳에 있는 것이다.

이런 경우는, 사람들은 내가 말하는 '죽음의 상태'에서 정령과 이야기를 나누면서 이 세상을 걸어가고 있는 것이다. 그의 눈에는 참다운 이 세상의 모습은 보이지 않고, 길도 보이지 않는다.

그는 정령과 이야기를 나누면서 자기의 정령과 정령의 눈을 통해서 보는 정령계의 경치를 자신의 뇌리에 비치면서 길을 가고 있는 것이다. 그러므로 그는 이 세상의 땅 위를 육체를 지닌 인간으로 걷고 있지만, 그의 마음은 다른 세계를 걷고 있는 셈이 된다.

육체적 인간인 그는 이때 '죽어 있다'고 해도 과언이 아니지만 발만은 기계적으로 이 세상의 땅 위에서 움직이고 있는 셈이다.

이런 상태일 때의 사람은 그가 있는 곳이 어디인지 전연 모른채 몽유병자처럼 걷고 있는 것이다. 그의 육체적 감각은 '죽어' 있으므로 아무리 먼 길을 걷거나 며칠씩 계속해서 걸어도 피로와 같은 육체적 감각을 조금도 느끼지 못한다.

이런 상태에서 그의 육체는 사람들에게 절대 발견되지 않는 산이나 들이나 바다 속에 들어가서 그대로 죽음을 맞이한다. —이것이 '연기처럼 사라지는' 첫 번째 현상인 것이다.

나는 실제로 정령에게 이런 식으로 끌려가는 사람의 모습을 본 일이 있다. 그때 그의 육체 안에는 그 자신의 정령의 모습이 나의 눈에도 보였다. 그는 다른 정령과 함께 이 세상의 길을 걷고 있었는데 이윽고 큰 벼랑 끝에까지 왔었다. 그러나 그의 육체는 그곳에서 조금도 방향을 바꾸지 않고 또 멈추는 일도 없이 그대로 걸어가는 것이었다.

그의 눈(정령으로서의 그의 눈)은 벼랑 끝의 공중에서 이 세상 것과는 다른 어떤 것을 보고 있었음에 틀림없다. 벼랑 끝에 와서는 육체를 지닌 인간은 당연히 떨어져서 죽고 말았다. 하지만 정령으로서 그는 그것을 조금도 느끼지 못하고 '공중의 길'을 계속 걸어가고 있었다.

제 2의 현상은 하나의 같은 육체 안에 두 개의 영이 서로 번갈아 들어가는 경우가 있다. 이것 역시 '죽음의 상태'에서 행해진다는 점에서는 마찬가지이며, 죽음의 상태에서 육체 안에 일어난 영적인 감응에 의해 가까이 다가온 다른 영이 그대로 눌러 앉아서 전부터 그 육체 안에 깃들고 있던 영을 내쫓아 버린다. 이 때의 영이 바뀌어서 들어가는 경우에는 몇 가지 경우가 있어 모두 똑같지는 않다.

하여간 교대해서 들어온 영은 이 육체를 자기가 지배하게 된다. 그리하여 그 인간은 완전히 다른 인간으로 변해 버리기 때문에 전의 인간의 생활에는 되돌아 갈 수 없게 되고, 전의 인간일 때에 살고 있던 장소도 그에게는 기억이 남아 있지 않게 되며, 그 기억을 남겨 둘 필요조차 없게 되는 것이다.

이 나중에 육체 안에 들어와서 눌러 앉은 영과 육체와의 일치가 순조로우면 그 인간은 똑같은 육체를 지니고 있으면서도 전연 다른

별개의 인격으로서 그 이후의 생애를 전과는 다른 장소에서 보내게
되는 것이다.

이것이 '연기처럼 사라지는' 제 2의 경우인 것이다. 세상에서 흔
히 말해지는 '연기처럼 사라지는' 일은 단순하게 길을 잃고 행방불
명이 된 것부터 내가 방금 든 두 종류의 것까지 여러 가지가 있겠지
만, 그 하나하나가 도대체 어느 경우에 해당하는가를 확인하기란
어려운 경우가 많다.

> 【역자 주】 '연기처럼 사라지는' 것은 아니지만 하나의 육체를 복
> 수(複數)의 영이 공유했던 예로서 가장 유명한 것은 온 세계에
> 널리 알려져 있는 셜리 바이첨이라는 처녀의 이야기이다. 매우
> 재미있는 이야기이므로 여기에 소개하기로 한다.
> 현 세계의 연구가들 사이에는 '영의 교체' 사실을 인정하고는 있
> 으나 그것은 그 사실을 인정했을 뿐이지, 이 항목의 기술처럼 영
> 계의 입장에서 '죽음의 상태에서의 영의 교체'까지 설파한 사람
> 은 아무도 없다. 여기까지는 아마 스웨덴보그 이외에는 상상조차
> 할 수 없었을 것이다.

1898년에 미국의 크리스틴 비이첨이라는 내성적이면서도 어른
스러운 처녀에게, 아주 명랑하고 쾌활한 인격이 나타나기 시작했다.
그리고 이 새로운 인격은 크리스틴에 관하여 잘 알고 있었으며, 자
기는 분명히 크리스틴과 똑같은 육체를 공유하고 있으나 자기와 크
리스틴과는 정녕 다른 인격이며, 자신의 이름은 셜리이고 크리스틴
은 다른 사람이라고 끝까지 주장했었다. 그리고 크리스틴이라는 인
격은 셜리에 관해서 정녕 모르고 있었으며 분명히 이 두 인격의 성

격은 셜리가 주장한 대로 완전히 별개의 사람이었다.

셜리가 육체를 지배하고 있는 동안은 이 육체는 셜리의 성격으로 행동하고, 셜리 대신 크리스틴이 눈을 뜨면 크리스틴은 셜리가 행동하고 있던 일은 전연 기억하지 못하고 있었다.

이와 같은 일은 크리스틴의 주치의사인 프린스 박사가 이 '한 사람이면서도 두 사람의 처녀'에 관하여 몇 가지 실례를 들어 학계에 소개함으로써 미국의 심리학계, 심령학계에 큰 파문을 던짐과 동시에 이 사건은 온 세계의 화제의 파문을 던지게 되었던 것이다.

하지만 이 '한 사람이면서 두 사람의 처녀'는 얼마 후에는 '한 사람이면서 세 사람의 처녀'가 되어 세상을 더욱 놀라게 했다. 그것은 크리스틴과 셜리 이외에 이름을 대지 않는 또 한 사람의 전혀 성격이 다른 처녀가 등장했던 것이다. 그리하여 이 처녀까지를 합하여 한 육체를 세 사람이 공유하게 되었던 것이다. 세 번째의 처녀를 T라고 가정하고 이 '세 처녀'의 행동을 한 예로 든 다음과 같은 이상한 이야기가 있다.

크리스틴은 취직하려고 기차를 타고 뉴욕으로 향해 떠났다. 그러나 도중에 크리스틴은 셜리로 변했다. 셜리는 뉴욕으로 가고 싶지 않아서 도중에 기차를 내려 그 고장의 식당에 취직했다.

셜리는 그 식당에서 잠시 동안 일하고 있었는데 어느 날 갑자기 T로 변했다. T는 식당의 취직자리를 그만두고 월급을 타고는 보스턴으로 떠났다.

그런데 이번에는 이 아파트에서 생활하는 동안에 본래의 크리스틴이 눈을 떴다. 크리스틴은 자기가 전혀 알지 못하는 사이에 보스턴의, 더구나 자기가 모르는 방에 와 있음을 알고 깜짝 놀랐다.

이것은 만들어 낸 이야기나 환상소설 같은 것이지만 사실인 것이다. 이 이야기의 해석을 둘러싸고 심리학자와 심령연구가 사이에 크게 논란이 일어났었는데, 셜리나 T는 크리스틴과는 전연 다른 영적인 존재라는 설이 주장되었다.

4. 죽음의 소식은 정령계에서 전달된다

정령계에는 얼핏 봐서도 구별되는 일반적인 정령과는 그 모습이 아주 다른 정령이 가끔 나타난다. 이런 정령은 모두가 밑을 보고 묵묵히 정령계를 돌아다니고 있으며, 자기가 어디에 있는 것인지도 모른 채, 또 다른 정령에 관해서나 정령계에 대해서도 전연 모르는 듯한 태도를 짓고 있다. 마치 사람이 방심상태로 어슬렁어슬렁 걷고 있을 때의 모습과 같다고 생각해도 좋을 것이다.

이와 같은 정령은 다른 정령이 이야기를 걸면 어느 틈에 사라져 버리고 만다. 이것은 이승에서 가끔 나타나는 유령과 같은 것인데, 다만 다른 점은 이승의 유령처럼 특정한 사람 이외에는 보이지 않는 것이 아니라, 정령계의 어느 정령의 눈에도 보이는 점이다. 이런 정령은 실은 참다운 정령이 아니라 가짜 정령이라고 할 수 있을 것이다.

정령계에 이와 같은 정령이 동시에 둘 이상 나타나서 그들 사이에 얼굴 모습들이 닮은 점이 있다고 한다면, 이것은 틀림없이 어머니와 자식, 또는 형제 사이인 것이다. 그리고 그 한편은 현재 죽어가고 있는 자이든가, 죽은 직후의 사람이고, 한편은 그에게서 이 세상에서 말하는 죽음의 소식을 받은 자인 것이다.

죽어 가고 있는 자는 정령과 인간의 경계를 오락가락 하다가 점차 죽음에 이른다. 이 경우 정령이 된 순간에 그는 정령계에 불쑥 얼굴을 내민다. 그리고 이 때에 그는 자신의 죽음의 소식을 알릴 상대방 인간의 영에게도 영의 감응에 의하여 순간적인 죽음을 경험시키고 정령계로 불러오며, 그곳에서 죽음의 소식이라는 '통지서'를 넘겨주는 것이다.

죽음의 소식은 우리들에게 부모처자에 대한 불길한 예감이나 꿈이라는 형태로 잘 알려져 있는 것인데, 그것은 그 소식을 받는 쪽에서도 순간적인 죽음을 경험함으로서 가능하다고 나는 이미 이 수기의 첫 부분에서 말한바 있다. 하지만 좀 더 자세히 말하자면, 이처럼 양자(兩者)가 함께 정령계에 순간적으로 들어옴으로써 정령계 안에서 그 통지가 이루어지는 것이다.

이와 같은 두 정령 중의 한편은, 그 후에 이번에는 진짜 정령이 되어서 다시 한 번 정령계를 찾아온다. 하지만 다른 한편은 정령계에서 모습을 감춘 채 다시 찾아오는 일은 없다. 즉, 후자는 인간으로 돌아가 있기 때문인 것이다.

5. 당신도 가능한 미래예지

　나는 이 수기의 마지막에 쓴 바와 같이 1772년 3월 29일에 이 세상을 버리고 영계로 거주지를 바꾸기로 되어 있다. 사람들은 내가 이와 같이 내 자신이 죽는 날(내 쪽에서 본다면 단지 이 세상에 육체를 버리고 영의 세계로 옮기는 것에 지나지 않지만)을 수년 전부터 알고 있는 것을 매우 이상하게 여길 것이고, 개중에는 나 자신이 말하는 것을 믿지 않는 사람도 있을 것이다.

　나는 세상 사람들에게 누구나 자기 일생의 운명을 미리 알 수 있다는 것을 이 장에서 언급하겠다. 그러면 자신의 생애를 20세 때 예언하고 있던 어떤 사나이의 예를 들어 이것을 설명해 보기로 하겠다.

　그는 프랑스의 한 농부였다. 그는 20세가 되던 때에 이미 다음과 같은 자기 생애의 운명을 말하고 있었다.

　─그에게는 2년 후인 7월 20일, 어떤 친구가 서쪽으로부터 나타나서 그 자는 그의 52세 때의 6월까지 그와 함께 있게 될 것이다. 꼬마 친구가 이에 이어서 셋이 나타나는데, 그중의 하나는 그의 35

세 중간 쯤에 그에게 눈물을 흘리게 할 것이다.

또한 그는 29세 때 가을에 물 밑으로 그의 집이 잠기는 것을 보게 될 것임에 틀림없다. 그리고 32세 때 봄에는 남십자성이 찬란하게 빛나는 것을 보게 될 것이다.

그는 자신의 예언대로 32세가 되던 해 7월에 그의 마을 서쪽에 있는 어떤 작은 마을의 농가 집 딸을 아내로 맞이하고, 아내는 그가 52세 때까지 함께 살다가 세상을 떠나고 말았다. 어린애는 셋이 태어났는데, 그 중의 하나는 그가 52세 때 병으로 죽어 그에게 눈물을 흘리게 했다.

그가 사는 마을은 그가 29세 되던 해에 큰 홍수를 만나 그의 집은 그가 예언한 대로 물밑에 잠기는 일은 없었지만, 농작물들이 물밑에 잠겨 큰 피해를 입었다. 또한 그는 이 홍수가 난 3년 후인 32세 때에 유산상속인이 없는 친지의 토지를 상속받았는데 이 토지는 언덕바지에 있는 남향의 토지였다.

나는 그 역시 나와 마찬가지로 어느 정도의 '죽음의 기술'을 지니고 있었다고 믿는다. '죽음의 기술'에 의해서 그도 가끔 영계에 들어갈 수 있었던 것이다.

영계의 영들 사이에서 상념(想念)을 나누는 중에 그 영의 인간이었을 때의 일생이나 그 후에 그 영이 영계에서 보내게 되는 영원한 미래의 영의 일생에 관한 일이 전부 자세하게 그려진 그림폭으로서 상대방의 눈에 보이는 일이 있다는 것을 나는 앞에서 언급했었다.

이 그림폭은 영이라 할지라도 자기에 관한 일이 그려져 있는 그림폭을 자기 눈으로 보는 일은 불가능하지만 상대방의 영이 본 그림폭의 내용을 이야기로 듣거나 또는 그 영의 눈에 보이는 표상(表象)의 모양으로 가르쳐 받는 일은 간단한 일인 것이다.

그리하여 만약 사람이 어느 정도 죽음의 기술을 지니고 영계에 들어가서 다른 영과 자유롭게 상념을 나누는 일이 가능하다면, 죽어서 영이 되기 이전에 자신의 인간으로서의 일생의 미래를 아는 일은 가능한 일인 것이다. 그 역시 이러한 방법으로 자신의 미래를 알고 그것을 예언으로서 사람들에게 말했으리라고 짐작된다.

6. 당신도 가능한 영(靈)과의 대화

"마음속이 맑았던 태고적 사람들은 그 마음이 영계를 향해서 열려 있었기 때문에 영들과 직접 이야기를 나눌 수가 있었다."

나는 영계에 먼 옛날부터 살고 있던 영과 이야기를 나누었을 때, 그 영으로부터 이와 같은 이야기를 듣고 깜짝 놀란 일이 있었다.

그 영은 마음이 맑아 영계를 향하여 마음의 창문이 열려 있던 태고적 사람들 중에는 육체를 지닌 인간인 채로 영과 직접 대화를 나눌 수 있는 사람들이 많이 있었다고 말하는 것이었다.

그 영은 나를 영계의 쓸쓸한 해안으로 데리고 갔다. 그 해안에는 몇 백만 년 아니 그보다 훨씬 이전부터이겠지만 똑같은 파도가 밀려 왔다가는 밀려 가고, 밀려 갔다가는 밀려오는 일이 되풀이 되었음이 틀림없었다. 나에게는 이 끝없이 펼쳐진 해안과 물결의 광경이 실로 영계의 태고적 광경이라고 여겨졌다.

그는 해안에 도착하자마자 이렇게 말했다.

"지금은 인간계에 태고적 사람은 없으므로 내가 그대에게 표상에 의해 태고적 사람이 영과 이야기하는 것을 보여 주겠다."

그는 영계에서만 허용된 표상이라는 수단을 써서 나의 눈 앞에 태고적 사람과 영이 대화를 나누는 모습을 재현시켜서 보여 주었다. 그러므로 내가 이제부터 여기에 쓰는 태고적 사람과 영과의 대화하는 모습은 내가 실제의 장면을 직접 본 것이 아니라 표상에 의해 보여졌던 것에 의해서 이야기하는 셈이 된다.

표상에 의해서 나의 눈앞에는 세 사람의 태고인(太古人)이 나타났다. 그 몸에 걸친 의복, 거기에 곧은 마음을 나타낸 얼굴 모습 등을 보고 이것이 태고적의 '마음속이 맑았던 사람들'임을 나는 알 수 있었다.

그러자 거기에 한 사람의 영이 오는 것이 보이고, 한 사람의 태고인 앞에 소리도 없이 섰다. 태고적 사람에게는 아직 그 영의 모습은 보이지 않는 듯 했지만 무엇인가를 느꼈음에 틀림없었다.

순간 그의 표정이 조금 변했다. 영에게는 태고적 사람의 육체는 물론 보이지 않았다. 하지만 영은 태고적 사람과 마주 섰다. 그러자 태고적 사람의 육체 속의 영이 희미한 그림자로 육체 안에서 보이기 시작했다.

이때 밖에 있던 영의 머리 위에 하나의 표상이 나타나는 것이 나의 눈에도 비쳤다. 그 표상은 밝고 푸른 밤의 연못 속에 그림자를 드리우고 있는 달, 거기에 어떤 문자를 연상시키는 듯한 열쇠 모양이나 선(線)등이 연속되는 것이었다.

이 표상이 밖에 있는 영의 머리 위에 나타난 것은 그 영이 육체의 어떤 영적인 상념(그 사람의 마음속에 생각)을 자신의 상념 안에 받아들이고 이해했음을 나타내고 있었다. 연못 속의 달 그림자는 맑은 마음을 나타내며 열쇠 모양이나 선의 연속은 인간의 언어를 나타내는 것이었다.

영은 육체를 지닌 인간의 영적인 부분과의 교류에 성공한 셈이었다. 하지만 이것만으로는 아직 인간과의 직접적인 대화는 시작되지 않았다. 왜냐하면 외부의 영과 인간의 자연적 상념(인간으로서의 보통 생각)과는 이 단계에서는 아직 연결되어 있지 않기 때문이다. 그러나 이윽고 외부의 영의 상념이 이번에는 육체 안에 영의 상념 속으로 들어가는 것이 공중에 넓은 연기가 흘러가는 듯한 느낌으로 행하여지는 것을 볼 수 있었다. 그리고 그것은 차츰 다시 인간 안에 영적 상념에서 인간적 상념 속으로도 흘러들어 갔다.

여기까지 오면 영과 인간과의 직접적인 대화의 시작은 별로 어렵지 않다. 영과 인간과의 직접적인 화합이 완성되었기 때문이다.

이윽고 이 태고적 사람은 자기 육체의 내부로부터 목소리를 들을 수 있을 것이다. 그리고 그 말은 태고적 사람이 보통 쓰고 있는 언어인 것이다. 태고적 사람은 이렇게 말했다.

"영계에 들어가서 내가 아는 사람에 관해서 알아주오. 그리고 당신이 아는 한 지금 나에게 가르쳐 주오."

영은 이에 대하여 이해될 리가 없었다.

"요셉에 관해서는 잘 알았다. 그러면 유다는 어떻게 하고 있는가?"

태고적 사람의 목소리만이 우리들에게 들려 왔다. 그 사람은 깊은 명상 속에서 조용히 이야기를 계속했다. 영은 이 태고적 사람에게 내부의 음성으로 대답하고 있지만 외부 사람에게는 들리지 않기 때문에 이것을 본 사람의 눈에는 명상상태의 사람이 조용히 자기 자신에게 자문하고 있다고 밖에는 여겨지지 않는다. 하지만 주의를 기울여 보면 그가 질문을 한 다음에 영이 대답하고 있다고 생각되는 시간에는 그의 혀가 조금씩 떨리고 마치 소리 없는 말소리를 내고 있는 듯한 태도를 보이는 일이 있을 것이다.

영과 사람과의 직접적인 대화는 방금 이야기한 것과 같은 형식으로 행해지는 것이지만 이것이 가능한 사람은 나에게 이것을 가르쳐 준 조금 전의 영에 의하면 '마음이 맑은 사람'에 한한다고 한다. 이것은 그와 같은 사람의 마음의 창문은 영이나 영계에 대해서 열려 있어, 외부에 있는 영의 상념을 받아들일 수 있기 때문이다.

이 일에 관하여 영계에서는 태고시대를 황금시대로 하여 시대가 점점 내려옴에 따라서 백은(白銀)시대, 청동(靑銅)시대라고 부르며 현대를 흑철(黑鐵)시대라고 부르고 있다.

이것은 시대가 경과함에 따라 인간이 과학이나 이 세상의 명예나 이해타산 따위의 외면적인 사항에만 마음을 쓰게 되었기 때문에 영에 대하여 소홀히 한 결과이고, 영적 창문이 차츰 막히게 된 것을 보여 주고 있다. 그러므로 조금 전에 언급한 영의 말을 빌리면 '현대에는 마음이 맑아서 영과 대화를 나눌 수 있는 사람이 없다'는 결론이 된다.

그러면 좀 더 영과의 대화에 관해서 설명하기로 하겠다. 지금까지의 이야기를 보면 영은 그 상대방 인간의 언어를 사용하면서 태고적 사람과 대화를 나눈 것처럼 보였다. 하지만 이것은 실은 오해인 것이다. 왜냐하면 영에게는 인간의 언어를 한마디도 할 수 없기 때문이다.

이 인간과의 대화는 영의 상념이 태고적 사람의 영적 상념 속에 흘러 들어갔다가 다시 그 사람의 내면적인 마음속을 지난 다음에, 인간의 자연적 상념 안으로 흘러 들어간 것이었다. 그리고 태고적 사람에게는 마치 자신과 똑같은 말로서 영이 이야기를 걸고 있는 것처럼 들렸던 것이다.

이상의 이야기로 알 수 있는 가장 중요한 것은 다음과 같은 것이라고 나는 생각한다.

마음이 맑고 곧았던 태고적 사람들에게 이와 같은 영과의 직접적인 화합이 가능했었다는 것은, 즉 인간의 본래의 모습이 영이었다는 것을 시사해 주고 있다. 인간은 차츰 그의 갈 길을 잃고 본래의 길에서 벗어나고 말았던 것이다.

현대인들에게 그것도 극히 한정된 사람에게이지만, 직접적인 영과의 교류가 가능한 것은 진짜 영으로는 되어 있지 않은 정령과의 대화뿐인 것이다.

하지만 정령과의 대화는 때로는 대화하는 사람의 육체를 멸망시키고 목숨을 빼앗기는 일이 있는 매우 위험한 일인데, 이것은 다시 다음 장에서 설명하기로 하겠다. 그러나 만일 당신이 태고적 사람과 같이 맑은 마음을 지니고 있다면 영과의 대화가 가능하리라는 것은 틀림없는 사실이다.

7. 당신도 가능한 정령과의 대화

정령과 인간과의 대화가 인간에게 매우 위험한 이유는 정령은 아직 정령계에서의 선별을 거친 영이 아니므로 그 가운데는 흉령(凶靈)도 적지 않기 때문이다.

또한 정령에는 아직 이 세상에 있던 인간이었을 때의 기억이 어느 정도 남아 있기 때문에 이것이 대화를 나누는 상대방 인간에게 해를 끼치는 일이 흔히 있기 때문인 것이다.

나는 이것을 나 자신의 경험과 내가 본 몇 가지 예에 의하여 설명하기로 하겠다.

나는 그때 나의 영을 육체로부터 이탈시켰는데, 그 이탈의 정도가 낮았으며, 전술한 바와 같이 나의 영은 아직 이탈한 육체를 상공에서 내려다 볼 수 있는 위치에 있었다.

나의 육체와 죽음의 상태로 침대 위에 누워 있는 것을 나는 보고 있었다. 그때 나의 영은 갑자기 기절하는 듯한 느낌을 받았다. 그리고 다음 순간 정신을 차리고 나의 육체를 보니 그 옆에 정령 하나가 앉아 있고, 나의 육체의 얼굴을 응시하고 있었다.

그는 이렇게 함으로써 나의 육체 안에 깃들어 있는 나의 영과 상념의 교류를 꾀하려 하고 있었던 것이다. 그리고 상념의 교류에 의해서 나의 영의 내부에 자신을 흘러 들어가게 하는 일에 성공하면 그는 나의 영을 쫓아내고 나의 육체를 자기 마음대로 하려고 했음에 틀림없었다.

왜냐하면 그의 얼굴 표정은 그 안면의 반쯤은 거무티티하고, 다른 한쪽의 뺨은 뭉게져 없어진 흉칙한 모습을 한 흉령이었기 때문이다. 그리고 흉령은 항상 이와 같은 의도를 지니고 있게 마련인 것이다.

하지만 이때 나의 영은 육체에 있지 않았으며, 상념의 교류를 행할 수도 없었기 때문에 그는 어느 틈에 사라져 버리고 말았다. 만약 그때 내가 영의 육체 분리의 상태에 있지 않고, 또 그와 상념의 교류를 행하였다면 하고 생각하니 등골이 오싹해지는 것이었다.

그러면 정령과 인간과의 직접적인 대화나 교류는 어떻게 이루어지는 것일까? 어떤 사람의 이야기를 소개하기로 하겠다.

그는 이렇게 말했다.

"나는 영에 관해서, 영과 인간의 관계에 관하여 깊은 생각에 잠겨 있었다. 얼마동안이나 그렇게 하고 있었는지 나 자신도 분명치 않았지만, 갑자기 나는 이상한 느낌에 사로잡히고 말았다. 그것은 내가 생각하고 있는 것이 마치 물체와 같은 모습으로 나의 육체 안에 있는 것이 내 눈에 뚜렷하게 보이기 시작했기 때문이다. 이런 경험은 나 자신도 처음 겪은 일이었고, 또 다른 사람에게 들은 적도 없었다. 나는 나 자신이 돌아버린 것이 아닌가 하는 공포에 사로잡혔다.

나는 공포에 질려 명상에서 보통의 상태로 돌아가려고 했지만 이상하게도 그것이 아무래도 불가능했다. 그리고 다음 순간에는 좀더 기묘한 일이 시작되었던 것이다. 몸 안에서 나에게 말을 거는 목소리가 들려 왔다.

나의 공포감은 절정에 달했다. 그리고 정신을 차렸을 때는 나는 침대 위에 조용히 눕혀져 있었다. 내가 정신을 잃기 전에 내 자신 가운데에서 일어난 불가사의한 사건을 곧 생각해 냈지만, 그것은 생각만 해도 나에게는 눈앞이 캄캄해질 정도로 무시무시한 경험이었다."

이 사람은 육체의 인간이면서 정령과 대화를 시작하려고 했던 것이다. 정령과 인간과의 직접적인 대화가 시작되는 전조는 이와 같이 자신의 육체 안에 자신이 생각하고 있는 것이 보이는 듯이 느껴진다.

이것은 정령의 상념이 그 사람의 영적 상념 속에 흘러 들어와서 다시 자연적 상념 속에 차츰 침투하기 시작했음을 나타내는 것이다.

정령의 상념이 인간의 영적 상념에로 흘러 들어와, 다시 자연적 상념에로 들어가는 경우와 조금도 다르지 않다. 다만 이와 같이 그 사람에게 찾아오는 것이 영이 아니라 정령인 것은 현대인들(그것도 매우 예외적인 사람들이지만)의 영적인 개안(開眼)의 정도가 태고의 황금시대의 사람들과 같지 않고, 정령계까지 밖에는 열려 있지 않기 때문이라는 것도 앞에서 설명했으니 이해가 되리라 믿는다.

정령과 인간과의 직접적인 대화는 앞에서도 설명한 영과의 직접 대화와 똑같은 형식으로 행하여지는 경우와, 전혀 다른 형식으로 행하여지는 경우가 있다.

영과의 대화와 공통적인 점은 정령이 인간의 영적 상념으로부터 자연적 상념으로 들어가는 점이며, 인간에 관한 일과 인간의 언어를 알고 있고, 인간의 언어로 대화한다는 점이다.

또 영과의 경우와 현저하게 다른 점은 정령과의 대화에는 경우에 따라서는 사람을 죽게 할 정도의 위험성이 있다는 것과, 또 정령이 인간을 지배하는 위험성이 많다는 점이다. 그러면 그것을 차례로 설명하겠다.

흉령일 경우의 위험성

정령은 자기 이외에도 다른 세계가 있다는 것을 모른다. 자기가 세계의 전부라고 생각하고 있는 것이다. 그러므로 인간의 육체에 상념으로 흘러 들어갔다 하더라도 그는 그것을 전혀 모른다. 만일 그에게 인간이 눈에 보였다 하더라도 그는 그 인간도 자기라고 생각할 것이다.

하지만 정령과 인간이 대화를 나누기 시작하면 정령은 자기 이외에 대화의 상대, 즉 인간이 존재한다는 것을 알게 된다. 이 정령이 선령(善靈)이었을 경우에는 흉령의 인간이나 자기 이외의 다른 자에 대한 악의(惡意)는 이 세상의 인간 사이에 있는 악의 정도가 아닌 아주 지독한 악의인 것이다.

이것은 정령계에 관하여 언급했을 때 설명한 것처럼 그 흉령의 악의는 그가 인간이었을 때에는 사람들의 평판이나 속세적인 타산 때문에 숨기고 있던 악의가 정령이 됨으로써 보다 적나라하게 나타나기 때문인 것이다.

흉령이 인간과 대화를 나눈 결과 인간의 존재를 알게 되면 그는 인간에게 온갖 악의의 이빨을 들이대고 마침내는 그 육체를 멸망시키는 일이 적지 않다.

인간은 흉령과 대화를 나누어도 모든 영이 성령(聖靈)이라고 생각하기 쉽다. 그리고 흉령 자신은 대화를 나누어도 자기 이외에 '인간'은 없으니 세계도 없다고 줄곧 생각하고 있는 경우가 있다. 하지만 이런 경우에도 인간은 자기와 대화를 나누고 있는 것은 그것이 영(靈)인 이상 언제나 성령이라고 생각하기가 쉽다. 그러면 인간은 이 육체 안에 있는 영의 목소리에 의해서 열광적으로 여러 가지 일을 하거나 한다.

하지만 이것은 인간이 생각하고 있는 것과 같은 성령은 아닌 것이다. 그러므로 인간은 큰 착각을 범하고 때로는 살인과 도둑질, 그밖의 여러 가지 나쁜 일을 아무렇지도 않게 저지르고, 결국은 자신의 몸을 망쳐 버리게 된다.

그러면 다음에 정령과의 대화가 얼마나 위험한 일인가를 실례를 들어서 소개해 보기로 하겠다.

약 50년쯤 전에 전쟁이 일어나 많은 사람들이 죽은 일이 있는 네덜란드의 한 시골에 살던 스필레라는 농부는 어느 날 밭에서 일을 하고 있는 도중에 별안간 정령의 내방을 받았다. 즉, 갑자기 이상한 정신상태에 빠졌다는 느낌이 들자마자, 그 자신도 모르는 사이에 정령과의 대화를 시작하고 있었던 것이다.

스필레는 정신없이 외쳤다.

"당신은 무엇인가? 내 뱃속에서 목소리를 내고 있는 당신은 도대체 누구요? 악마인가 아니면 악령인가? 내 뱃속에 어째서 함부로 들어와 있는가? 어서 꺼져 버려라!"

이에 대해서 정령은 이렇게 대답하는 것이었다.

"나는 당신의 주인이다. 당신은 나의 종에 지나지 않으며, 당신은 지금 그 육체를 빌려 가지고 있는 것뿐이다. 당신은 내 말을 잘 듣고 내 명령에 따라야 한다."

스필레는 이 이상한 말을 듣고는 너무 놀란 나머지 대꾸도 할 수 없었다. 이때 스필레의 모습을 보고 있던 같은 마을의 농부들은 스필레가 큰 소리로 단말마의 외침 소리와 비슷한 소리를 질렀으므로 깜짝 놀랐으나 다음 순간에는 그는 괭이를 손에 든 채 멍청한 눈으로 하늘을 쳐다보고 방심상태로 밭 한가운데 서 있었다고 한다.

마을 사람들은 그를 집으로 데려가 주었지만 정신상태가 회복된 다음에는 그때까지의 그와는 전혀 다른 별개의 사람이 된 듯이 가끔 다른 사람이 이해할 수 없는 혼잣말을 하게 되었다.

마을이 스필레의 방화(放火)에 의한 화재로 불타서 많은 사상자를 내고, 스팔레 자신도 죽은 것은 그로부터 며칠 밖에 되지 않았을 때였다.

이 사건은 스필레가 발광한 것이라고 결론지어졌지만, 나는 이것이 정령과의 대화에 따른 위험 중의 한 경우라 생각하고 있다.

정령과의 대화가 정령 쪽에서 자연적인 상념을 지니고 인간의 상념을 이해한 다음에 인간의 언어로 행해질 경우에는 조금 전에도 설명한 것처럼 영과의 대화와 같은 형식으로 행해지는 경우이다.

이에 대하여 정령 쪽은 인간의 언어만은 이해하더라도 인간의 상념까지는 알지 못하며 정령 자신의 상념을 주로 해서 대화를 하는 경우가 있다. 이 때에는 기묘한 혼란이 일어난다.

대화에서 이야기된 정령의 상념을 인간은 자신의 진짜 상념이라고 생각해 버린다. 그러므로 이런 경우에 인간은 그때까지의 자기 자신을 버리고 대화의 상대인 정령의 생각을 자기의 생각으로 삼고 살아가는 정령의 기계가 되고 만다.

스필레의 경우는 아마도 이런 경우였을 것이다. 그에게 정령의 상념을 심어 준 정령은 아마도 과거에 그 마을에서 학살당한 사람이나, 아니면 약 5백년 쯤 전의 전쟁으로 죽음을 당한 사람의 정령이었을 것이다. 이 정령의 기억이나 상념을 스필레는 자신의 것이라고 생각하고 그 정령이 되어서 복수를 했을 것이다.

또 열 살이 채 되지 않은 어린아이가 한 번도 가 본 일이 없는 고장의 모습을 자세하게 알고 있거나 그 자신이 옛날에 어디에 살고 있던 누구라고 주장하는 일이 가끔 있다.

이런 경우에는 그 어린아이를 본인이 말하는 고장으로 데리고 가면, 그 곳이 설사 다른 나라라 하더라도 지금까지 전혀 배운 일이 없는 다른 나라 말로 그 고장 사람들과 자유롭게 이야기를 나누는 일이 있다.

이와 같은 예는 다시 살아나는 일과 혼동하기 쉽지만, 실은 정령과의 대화에 의해서 그 정령의 기억이 인간 속에 의젓하게 자리를 잡고 있는 경우가 대부분이다.

8. 이 세상도 영계의 일부이다

나는 앞에서 영계의 넓이는 광대무변하여 전우주보다도 넓다고
말한바 있다. 또 영계에서의 결혼은 남녀의 영이 영으로서의 일체
(一體)가 되는 형식으로 행하여진다는 것도 말한바 있다.

나는 이제 영계와 이 세상과의 공간적인 관계에 관해서 설명할
단계가 된 모양이다. 그러면 영계와 이 세상간의 공간적인 관계는
어떻게 되어 있는가? 지금부터 이것을 설명하기로 하겠다.

먼저 설명의 편의를 위하여 우리들 인간이 보는 유령에 관한 이
야기를 몇 가지 하겠다.

A. 독일의 어떤 도시의 이야기이다. 농부인 돌루는 어느 날 밤 가
족과 함께 저녁식사를 하고 있었다. 그와 가족들은 언제나와 다름
없는 모습으로 식탁에 앉아 저녁을 먹고 있었는데 그는 포오크를
입으로 가져 가려다가 도중에 자기도 모르게 그 손을 멈추고 말았
다.

그 자신도 무슨 이유로 그렇게 했는지 지금도 알 수 없다고 그 후
에 고백하고 있는데 즉각 포오크를 식탁 위에 놓고는 현관 쪽으로
나갔다. 그러자 현관문에 등을 보인 채 오스트리아에 있는 친구가

서 있었다.

그는 전에도 수없이 찾아온 일이 있는 그 친구에게 약간 이상하다는 느낌이 들었지만, 곧 그런 생각을 떨쳐 버리려고 다정하게 말을 걸려고 했다.

그러자 그 친구는 안개처럼 훌쩍 사라져 버리는 것이 아닌가. 그는 '친구가 사라진 것은 마치 문틈으로 빨려 들어가듯 했다. 그 증거로 즉시 문을 살펴보았지만, 문에는 언제나처럼 열쇠가 채워져 있었다. 유령은 문틈으로 출입한 모양이다.'라고 말하는 것이었다.

B. 이것은 나의 고향인 스톡홀름에서 있었던 이야기이다. 어떤 교회의 목사가 한밤중 독서 중에 어쩐지 방안의 공기가 보통 때와 다른 듯한 느낌이 들어 뒤를 돌아다보았다. 그러자 거기에 잘 아는 교회의 신자 한 사람이 서 있었다. 그 모습이 보통 때와는 달랐으므로 이상스럽게 여겼다.

하지만 그는 좀더 가까이 오라고 무의식중에 손짓을 했다. 그러자 묘하게도 그 신자의 모습은 사라지고 말았다. 목사는 '유령은 별안간 키가 줄어듦으로서 마루 속으로 꺼져 버렸다'고 말하고 있다.

C. 나 자신 수십 년 동안 자주 방문하여 머무르고 있던 런던 교외의 유령의 집에 관해서는 많은 사람이 유령목격담을 털어놓고 있다. 나는 사람들이 유령의 출현과 사라질 때의 모습에 관하여 어떻게 이야기하고 있는가에 흥미를 지닌 나는 여러 사람들의 이야기를 수집해 보았다.

그것에 의하면 A의 이야기처럼 문틈으로 출입했다는 사람, 또는 어디서 어떻게 나타나서 어떻게 사라졌는지 알 수 없고, 정신을 차려 본 유령이 있고, 어느 틈에 사라져 버렸다는 사람, 벽 속으로 벽을 뚫고 지나가는 것처럼 사라졌다는 사람 등 가지각색이었다.

이들 A. B. C의 이야기에 대한 설명은 나중에 하기로 하고 전에 영계라는 세계가 어디에 어떤 형태로 존재하였는가, 또 그 공간과 이 세상의 공간과의 사이에는 어떤 관계가 있는가에 대하여 먼저 설명하기로 하겠다.

나는 이미 영계는 전우주보다도 넓어 광대무변하다는 것과, 영계와 이 세상의 관계는 동전의 앞뒤처럼 꽉 달라붙어 있어서 떼어 놓을 수 있는 것이 아니라는 것 등을 설명한 바 있다. 그러면 여기서 이 세상과 영계와의 관계에 대하여 한 가지 비유를 말하겠다.

그것은 이 세상이란 영계의 광대무변한 공간 속에 붕 떠 있는 한낱 고무공과 같은 것이며, 이 고무공인 자연계의 주위는 온통 영계로 둘러싸여 있다는 것이다.

하지만 이와 같이 말하는 사람들은 자연계와 영계와는 고무공의 겉껍질로 뚜렷하게 경계가 지워져 있는 별개의 세계처럼 생각할 것임에 틀림없다. 그러면 나는 이제 좀 더 자세하게 진실을 말하겠다.

"고무공 속에도 영계는 스쳐 들어가 있다. 고무공 속도 실은 영계인 것이다. 고무공 속 이외의 모든 공간은 영계이지만, 고무공 속만은 예외적으로 자연계와 영계의 두 세계가 같은 공간 안에 존재하고 있는 것이다."

이 같은 사실을 보통 사람들은 좀처럼 믿지 못할는지도 모른다. 그 이유는 가령 책상 하나가 놓여져 있으면 그곳과 똑같은 공간에 또 다른 책상을 놓는 일은 자연계에서는 절대 불가능하기 때문이다. 하지만 같은 공간에 두 가지 물체를 놓을 수 없다는 것은 자연계에서의 일에 지나지 않는다.

이것은 자연계가 물질계, 물질의 세계이기 때문이다. 그러나 자연계에서도 하나의 책상을 용해시킨 다음에 또 다른 책상을 놓을 수는 있다. 이것은 보통 사람들도 다 아는 일이어서 새삼스럽게 언급하는 것이 우스울 정도이다. 하지만 이것을 사람들은 역시 하나의 책상을 용해한 곳에 또 하나의 책상을 놓은 것이므로 그 두 개의 책상은 별개의 공간에 놓여지는 것이라고 밖에는 이해하지 못할 것이다.

그것은 사실이지만 이것은 각각 다른 시간에 같은 공간에 두 개의 물체를 놓은 것이라 생각해도 좋을 것이다. 사람들은 각각 다른 시간에, 같은 공간에 두 개의 물체를 점유시키는 것이라면 납득이 갈 것임에 틀림없다. 왜냐하면 공간과 시간은 별개 성질의 것이기 때문이라고 말하는 것이 사람들이 자기도 모르는 사이에 마음속으로 납득하고 있는 지식이기 때문이다.

그러면 이야기를 좀 더 진전시켜 보자. 같은 공간이라 하더라도 성질이 전혀 다른 두 개의 공간 사이에서는 어떻게 될까? 마치 시간과 공간이 그 성질을 전연 달리하는 것처럼 말이다.

이야기를 좀 더 알기 쉽게 해 보자. 당신의 신경조직은 몸안에 버젓이 그 장소를 차지하며 공간을 차지하고 있다. 그러므로 그 장소에 다른 것(다른 신경조직이라도 좋다)을 넣는다는 것은 전에 있던 것을 녹여 없애 버리지 않는 한 불가능하다. 하지만 그 신경조직을 따라 당신의 몸을 움직이게 하는 신경의 명령이나 신호는 같은 공간 안에 버젓이 존재하고 있는 것이다.

명령이나 신호는 공간을 차지하는 것이 아니라고 하는 당신의 반론에는 나는 이렇게 대답해 주겠다. '그것도 틀림없이 공간을 차지하고 있습니다. 다만 공간의 성질이 다를 뿐입니다'라고 말이다.

영계의 공간과 이 세상의 공간의 관계는 방금 말한 것과 같은 관계와 거의 같다고 봄이 좋을 것이다.

영계에서 결혼한 영이 완전히 그 몸을 하나로 합쳐버리고 하나의 영으로서 다루어지는 것도 영계의 공간과 자연계의 공간과는 성질의 차이가 있기 때문이다. 또 영계가 이 세상과 동전의 앞뒤와 같은 관계일 뿐만 아니라 자연계가 존재하는 영역에서는 이 세상과 똑같은 공간을 차지하고 있다는 불가사의도 역시 경계 공간의 성질에 의하는 것이다.

사람들에게 좀처럼 이것이 이해되지 않는 것은 사람들이 영계에 대해서 생각할 때도 이 세상의 자연계, 물질계적 습관에 따라서 생각하기 때문인 것이다. 그러면 조금 전에 말한 유령의 출현과 사라지는 비밀을 설명하기로 하자.

최초의 농부는 문틈으로 유령이 출입했다고 했고, 런던의 유령의 집에 관해서도 이렇게 말하는 사람들이 있었다. 또한 두 번째 이야기인 목사는 마루 속으로 사라졌다고 했으며, 런던의 유령의 집에

214

서도 벽 속에서 나타나 벽 속으로 사라졌다는 사람도 있었다.

그리고 마지막으로 어떻게 나타나서 어떻게 사라졌는지 모른다는 사람이 런던의 유령의 집에서는 꽤 많았다.

나는 이들 모두가 진실이라고 생각한다. 왜냐하면 영은 벽을 통하여 나타나고, 벽 속으로 사라졌다고 하는 목사의 이야기처럼 마루 속을 통하여 사라질 수도 있기 때문이다. 이것은 공간의 성질이 다른 이상 조금도 이상할 게 없다는 것은 더 이상 설명할 필요도 없을 것이다. 즉, 벽 속이건, 마루 속이건 그 안에는 모두 영계가 존재하고 있기 때문이다. 또한 문 틈으로 출입했다는 농부의 이야기도 의심할 여지가 없다. 그것도 충분히 있을 수 있기 때문이다.

하지만 좀 더 자세히 말하면 이것은 농부가 문이 잠겨져 있으므로 문틈으로 밖에 통할 수 없으리라는 이 세상의 상식에 사로잡혀서 상식에 의해 해석한 것이라고 여길 수밖에 없다. 왜냐하면 영에게는 물질계의 문쯤은 물론 눈에 들어올 리 만무하고 일부러 문틈을 택해서 통과해야 할 이유가 조금도 없으며, 얼마든지 문 속을 그대로 통과해도 되기 때문이다.

그러면 마지막으로 좀 더 언급하기로 하겠다.

처음 이야기에서 농부가 말을 걸려고 하자 어째서 유령이 사라졌을까? 또 두 번째 이야기의 목사가 손짓을 하자마자 영은 어째서 사라져 버렸을까? 이것에 관해서는 이 수기의 처음 부분에서도 설명한 바와 같이 즉 농부나 목사 사람이 말을 걸려고 생각했었거나 손짓을 한 순간에 유령은 이 세상에서 영계로 되돌아갔거나 사람이 영의 세계로부터 이 세상으로 되돌아 왔기 때문에 영을 볼 수 없었다고 할 수 있다.

그러므로 사실을 말하자면, 그 장소를 떠나서 어딘가 다른 장소로 간 것임에 틀림없지만 농부나 목사, 유령의 집의 방문자 등이 문틈이나 마루나 벽속으로 사라졌다고 하는 것은 실은 그들의 착각이고, 영이 단지 그들의 시야에서 사라진 것에 지나지 않으며, 영은 아직 그곳에 있었다고 생각할 수도 있다.

9. 유령은 왜 일정한 장소에만 나타나

세상에는 흔히 유령이 나오는 집, 즉 '유령의 집'이라는 것이 있다. 유령을 처음부터 부정하는 사람들은 그것이 환상에 지나지 않는다든가, 그 집의 구조나 정원수의 배치, 그리고 낮에 유령이 나오는 집은 그 집의 태양 광선의 사정이나 밤의 달이나 별빛과의 관계 등이 사람들에게 유령이라고 생각되는 것을 보이게 하는 것이라는 아주 그럴 듯한 이유를 붙인다.

나는 어째서 유령이 나오는지, 그리고 유령의 집이라고 불리워지는 것에는 정말 유령이 빈번하게 나타나는 것인가에 대하여 좀 더 근거 있는 설명을 하려고 한다.

나는 전처럼 하나의 실례를 들어 이야기를 시작하겠다. 이 유령의 집이란 매우 유명하여 영국에서는 많은 사람들이 '베란다의 유령'으로 알고 있다. 이 집은 에딘버러(영국 중부의 도시)의 변두리에 있는 2층 건물이다.

건물은 상당히 크고, 넓은 정원에 오래 된 큰 나무들이 꽉 들어차 있어서 한낮에도 죽은 듯이 조용한 환경에 있었다.

유령의 출현이 알려진 것은 1720년 경이고, 이것을 처음으로 본 것은 그 집에서 수십 년 동안이나 일해 온 하인이었다.

그는 어느 날 저녁, 건물의 문단속을 하며 한 바퀴 돌고 있었는데 2층 베란다에 면한 방에까지 왔을 때, 베란다에 사람의 그림자가 비쳤으므로 놀래 소리를 지르려고 했다. 그 그림자가 10년 전에 죽은 이 집의 딸 엘렌이었기 때문이다.

그 유령은 깜짝 놀란 하인은 물론이고 주위에 있는 것을 느끼지 못하는 듯한 태도로 베란다 끝까지 5,6미터 걸어가서는 슬쩍 사라지고 말았다.

이런 일이 있은 다음부터 이 집에는 엘렌의 유령이 가끔 나타났고, 더구나 반드시 베란다에 나타나므로 '베란다의 유령의 집'이라고 불리워졌고, 그 후 이 집에는 아무도 살지 않게 되었는데, 1740년 경에 엘렌의 가족과는 아무 관계도 없으며, 이러한 유령에 관한 것을 모르는 헌트씨라는 사람이 이 집을 구입하여 새로 개조하여 살게 되었다.

개조한 후의 이 집은 본래의 집보다 정원 안쪽에 지어졌고 건물도 작았다. 하지만 이 엘렌과 아무 관계도 없고, 그런 소문도 전혀 모르는 헌트씨 가족도 얼마 후에는 엘렌의 유령을 보게 되었다. 더구나 엘렌의 유령은 개축 전 집의 2층 베란다가 있던 자리에 나타나서 옛날에 그 집 하인이 본 것처럼 마치 옛날의 베란다 위를 끝에서 끝까지 걸어가듯이 공중을 걸어가서는 훌쩍 사라지는 것이었다. 또 엘렌의 유령이 주위의 분위기를 조금도 느끼지 못하는 듯한 점도 마찬가지였다.

좀더 덧붙여 말하자면, 이 엘렌은 엄격한 시골 신사였던 부친이 허락치 않는 어떤 사정 때문에 베란다에서 자살한 여인이었다. 이와 같은 것은 영의 입장, 영계의 입장에서 설명하면 별로 어렵지 않으며, 또한 조금도 이상할 것이 없다.

나는 이미 영은 그 상념에 의해서 어디든지 자유롭게 몸을 이동할 수가 있으며, 이 때문에 영은 공간이나 거리라는 관념을 가지고 있지 않다는 것을 이미 설명했다. 또한 이야기 가운데 있는 똑같은 장소에만 엘렌이 나타나는 점에 주의해 주길 바란다.

그러면 좀 더 자세하게 설명해 보자. 실은 엘렌이 사람들에게 즉각 엘렌이라고 인정되는 것(영이 된 엘렌의 얼굴 모습에 큰 변화가 없다는 것을 나타낸다), 또 엘렌이 유령이 되어 가끔 나타나는 것으로 보아 엘렌의 영은 아직 영계에는 가지 못하고 이 세상과 영계의 중간인 정령계에 머물고 있었던 것이다. 그리하여 정령계에 있는 죽은 지 얼마 되지 않은 영들과 마찬가지로 엘렌의 영적인 마음의 상태는 아직 인간계에 있었을 때의 기억이 상당부분 남아 있었던 것이다.

내가 자주 언급했듯이 영들의 기억 속에 남는 것은 아직 그 영이 육체 안에 있었을 때의 기억이라 하더라도 그 마음의 진짜 내부인 영의 표현, 영의 평면에서 기억된 것뿐이며, 표면적인 지식이라는 것은 완전히 소멸해 버리게 된다.

이러한 지식 등은 인간이 그 육체적인 감각과 눈, 코, 귀 등에 의해 알게 된 것에 불과하며, 그 인간의 육체 위의 기억으로 남게 되고, 영에게까지 도달해 있지는 않기 때문이다.

하지만 특이한 예외적인 경우에는 인간계의 기억에서도 대개는 영의 평면에까지 도달하지 못할 것이 영의 평면에까지 도달하여 그 기억이 사후에도 남아있는 경우가 있다.

이것은 예를 들면 엘렌의 경우처럼 자살이나 또는 살인과 같은 방법으로 죽은 영일 때에는 그 최후의 장면이나 장소의 기억이라는 물질계적인 기억이라도 이것이 영의 평면에까지 도달하는 경우가 있다. 따라서 정령으로서의 엘렌의 상념에는 아직도 어느 정도는 이 세상에 있었을 때의 물질계적인 것이 섞여 있으며, 엘렌에게는 이 상념이 정령적인 상념 속에서 일어나는 것이 된다. 그리고 그럴 때에는 엘렌은 이 상념에 의해서 영계 안에서 자기도 모르는 사이에 이동하여 그 상념의 장소 —이 예에서는 베란다에(이 세상도 영계의 일부분에 지나지 않는다는 것은 이미 설명했다) 나타나게 되는 것이다.

엘렌의 영이 사후에 상당한 시간을 지나도록 영계에 가지 못하고 아직도 정령계에 머무르고 있다는 것도, 그의 영(정령)으로서의 상념 속에 물질계의 질곡(桎梏)을 탈피하지 못한 것이 아직 남아 있기 때문인 것이다. 또한 엘렌만이 아니라 유령이 완전히 주위의 상황을 전혀 모르는 듯이 행동하는 이유는 앞에서도 말한 바와 같이, 아직 물질계의 질곡을 완전히 탈피하고 있지 않았더라도 유령들은 이미 영이며, 영에게는 물질계의 일은 눈에 하나도 들어오지 않고 그들에게는 물질계의 존재가 이해되지 않는 데 불과한 것이다.

10. 나 자신의 교령술(交靈術)

　나는 이 항에서는 세상 사람들이 관심을 가지고 있는 교령술의 비밀과 나 자신이 발견하여 행한 교령술 중 두 세가지 예를 들기로 하겠다.

　먼저 교령술이라 일컬어지는 것의 비밀에 대하여 설명하기로 하자.

　교령술은 말할 필요도 없이 죽은 사람의 영과 교신함으로써 죽은 사람만이 알고 있는 사실 등을 알아내고 이것을 세상 사람들에게 전하는 기술을 말하며, 이것을 행하는 영매(靈媒)라고 불리는 사람들 (그 수는 극소수이지만)은 모두가 내가 말하는 '죽음의 기술'을 알고 있는 사람들이다.

　한마디로 '교령술'이라고 하지만 이것에는 두 가지 방법이 있다. 그 하나는 영매에 직접 영이 빙의하는 것이며, 또 하나는 영매의 영이 죽은 사람의 영과 교신해서 알게 된 것을 사람들에게 알려 주는 것이다.

　첫째의 경우는 교령술을 행하는 영매가 죽음의 상태에서 자신의 영을 육체로부터 이탈시킨 다음 교신할 상대방의 영을 자신의 육체 안에 불러들인다. 이렇게 함으로써 죽은 사람의 영은 영매의 육체를 빌린 형식으로 그 입을 빌어서 이야기를 하거나 손을 빌어서 문자를 쓰거나(역주 : 자동기술 현상이라고 불리는 것) 하여 사람들에게 통신을 행하게 된다. 이 방법으로 영매의 육체는 그 얼굴 모습도 바뀌고 목소리나 이야기하는 방법도 생전의 그 사자(死者)의 특징을 띠게 된다. 이것이 소위 사람들이 말하는 '영의 빙의'로서 강렬한 인상을 주고 경우에 따라서는 어떤 종류의 공포감을 주는 일도 있다.

이 방법은 사람에 따라서는 실로 교령현상(交靈現象)을 눈 앞에 현출(現出)시키고, 영이나 영계를 직접 자신의 눈으로 느낌을 주므로 매우 강렬한 인상을 남기는 일이 있으나 반면에 영매에게는 매우 위험한 방법인 것이다. 이 위험에 대해서는 내가 이미 정령과의 대화를 설명한 항에서 설명한 바와 같다.

영매에게 빙의된 영이 교령술이 끝난 뒤에도 그 육체로부터 떠나려고 하지 않게 되면 여기서 영매와 영과의 사이에 맹렬한 싸움이 일어난다.

영매의 영 대신에 교령술의 대상이 된 영이 그 육체에 주저앉는 일이라도 있으면 영매는 인간으로서는 죽게 되고, 그 육체는 별개의 인격을 가지고 살게 된다.

또 그렇게는 되지 않더라도 두 개의 영 사이의 사투(死鬪) 결과 영매는 그 이후에는 정신착란을 일으키게 되거나 완전히 백치 상태의 폐인이 되어 버리는 일도 있기 때문이다.

내가 행한 교령술은 이 방법이 아닌 두 번째 방법이었다. 이 방법 역시 죽음의 상태에로 자신을 빠뜨리고 행하는 점에서는 마찬가지이지만, 이 방법으로서는 자신의 육체를 이탈한 영에 의해서 상대의 영과 교신하고, 그 결과를 영매 자신의 영과 육체에 의해서 사람들에게 전한다는 점이 다르다. 이것은 상대방 영에게 영매가 육체를 빌리는 것이 아니므로 위험하지는 않다.

그러면 나 자신이 행했던 것으로 비교적 세상 사람들에게 널리 알려져 있는 것을 소개하고 그것을 실제로 어떻게 행하였는가를 알려 드리기로 하겠다.

그 중의 하나는 나의 모국인 스웨덴의 여왕님의 청에 의하여 여왕님을 비롯하여 여러 신하들이 많이 모인 가운데 행한 것이었다.

여왕께서는 그 때까지 나에 관한 소문을 듣고 계셨지만 내가 여왕님의 면전에서 이 교령술을 직접 보여주기 전까지는 사실 교령술에 대하여 회의를 느끼고 계셨던 모양이었다.

그리하여 여왕께서는 반쯤은 교령술을 시험해 보는 의도와 반은 이 교령술의 대상이 된 고인(故人)의 알려지지 않은 덕을 신하들 앞에 영매로서의 나의 입을 빌어 발표하게 하려는 의도에서 나에게 교령술을 행하도록 명령했었다는 것을 나는 나중에서야 알았다.

그런데 여왕께서는 교령술을 행하기 조금 전에 나에게 약 10년 전에 세상을 떠난 어떤 장군에 관한 일을 알고 있느냐고 물으셨다. 나는 그런 이름을 가진 장군이 있었다는 것조차도 몰랐으므로 모른다고 대답했다. 그러자 여왕께서는 그렇다면 더욱 잘됐다고 말씀하신 다음, 장군의 이름만을 가르쳐 주셨다. 그리고 다음과 같이 명령

하셨다.

"나는 그 사람이 죽은 후 그가 나에게 남긴 유서를 받았소. 하지만 오늘날까지 나는 그것을 공표하지 않았고 아무에게도 유서를 받았다는 사실조차 이야기를 하지 않았소. 관계자들이 생존해 있었고, 그가 유서에서 공표하지 말아 달라고 부탁했기 때문이오. 그러나 그 관계자들이 이제는 한 사람도 이 세상에 남아 있지 않게 된 지금에 와서는 공표해도 괜찮으리라 생각되오. 그러므로 그대는 죽은 사람의 영을 만나서 그 유서의 내용을 들어보고 여기서 여러 대신들에게 그대의 입을 통하여 공표하도록 하오."

나는 나 자신의 육체에 '죽음의 기술'을 베풀어 육체를 죽음의 상태로 만들었다. 그러자 얼마 후에 영이 눈을 떴다. 나의 영은 이름 밖에 모르는 장군을 영계에서 찾아내는 최초의 수단을 강구하기 위하여 여왕님의 육체 안에 있는 영을 불러 보았다. 이것을 여왕께서는 물론 알지 못하셨을 것이다.

만일 여왕께서 교령술에 대하여 깊이 이해하고 계셨거나 또 보통 사람 이상으로 민감한 사람이었다면 이 순간(그것은 극히 짧은 순간이지만) 희미하게나마 어떤 감촉과 같은 것을 느끼셨을 것이다.

여왕의 영으로부터 아무런 단서가 될 만한 것을 바로 얻을 수 없었다. 다만 알게 된 것은 장군이 덕이 있는 사람이며 용감한 군인이었다는 것과 그리고 생전의 얼굴 모습이 희미하게 떠올랐을 뿐이었다.

나의 영은 이 사소한 그리고 막연한 일만을 알고 영계로 들어가게 되었다. 하지만 이러한 사소한 지식만으로 광대무변한 영계에서 그 영을 찾아낸다는 것은 불가능할 듯 했다.

나의 희미한 의식은 나의 영이 어떻게 했으면 좋을까 하고 생각에 골똘하고 있음을 알 수 있었다. 그러나 얼마가 지나자 나의 영이 영계 안을 어떤 방향을 향하여 이동하고 있다는 것을 나 자신도 알 수 있었다. 그리고 나의 영은 영계의 어떤 단체 안에서 나의 영 쪽으로 무엇인가를 기다리는 듯(영을 기다리는 마음?)한 표정을 나타내고 있는 한 영을 발견했다.

나의 영은 그에게 물었다.

"당신은 이승에 있을 때 스웨덴이라는 나라의 장군이었습니까?"

그의 표정에 약간의 반응이 보였다.

"이승에 있었을 때의 일은 잘 기억이 나지 않고, 단지 붉은 빛이 많은 곳(싸움터란 뜻)에 자주 갔던 기억은 있소."

그 후 그는 조금씩 기억을 되찾고 나의 물음에 대답을 해주었다.

나는 무의식 상태에서 보통상태로 돌아와 여왕님에게 대답을 했다.

유서의 내용은 이 장군이 출전한 어떤 싸움터에 관한 것이었다. 여왕은 나의 대답이 자세한 일까지 정확한 것에 매우 놀란 듯한 표정으로 나를 쳐다보았다. 그리고 이상한 사람을 보는 듯한 놀란 표정으로 묵묵히 나를 바라보고 계셨다.

얼마 후 여왕님은 감탄조로 이렇게 한마디 말씀하시는 것이었다.

"이것은 그 장군과 나 이외에는 아무도 모르는 일이었는데…"

또 한 가지 예는 나의 의뢰자가 네덜란드의 외교관의 미망인이었기 때문에 내가 이상한 기술을 쓰는 인물로 네덜란드에까지 알려지게 된 사건이었다. 특히 교령술에 관해서는 더 설명할 필요도 없으므로 나는 간단하게 그 개요만을 설명하겠다.

그것은 1761년의 일로서 그녀는 그때까지 스웨덴의 수도에 주재하고 있던 네덜란드 대사 미망인이었다. 그녀는 남편이 세상을 떠난 후에 귀금속 세공인으로부터 생전에 대사가 만들게 했던 비싼 금 그릇의 대금지불 요구를 받았다.

그녀는 남편이 그 돈을 지불했다고 믿고 있었지만 영수증이 아무리 찾아도 나타나지 않아 고민하고 있었다. 영계의 남편과 교신하여 지불했는지, 안 했는지와 지불했다면 영수증을 어디에 챙겨 두었는지를 물어봐 달라는 것이 그녀의 부탁이었다.

나는 영계에 있는 그녀의 남편과 교신하여 그 대금의 지불은 이미 7개월 전에 끝났고, 영수증은 옷장 서랍에 두었다는 것을 알아내고 그것을 그녀에게 알려 주었다. 하지만 그녀는 이미 옷장 서랍을 구석구석까지 살펴보았지만 영수증은 보이지 않았다고 말하는 것이었다.

나는 그 옷장에는 서랍 뒤쪽에 비밀 장소가 있고, 그곳에 특히 중요한 편지나 서류가 들어 있으며, 그 안에 영수증도 있을 것이라고 가르쳐 주었다.

그녀는 옷장을 다시 한 번 살펴보고 비밀 장소를 발견하여 7개월 전의 날짜가 적혀 있는 영수증을 발견할 수 있었다.

11. 고텐버어그에서 안 스톡홀름의 화재

나는 그날 영국으로부터 고텐버어그(스웨덴 서부에 있는 도시)로 왔다. 그것은 그 시에서 개최되는 회의에 참석하기 위해서였으나 그날 밤에는 친구 집에서 쉬고 이튿날 그 친구와 함께 회의에 참석하기로 되어 있었다.

친구와 점심식사를 들고 있을 때 나는 내가 의식적으로 행하고 있는 '죽음의 상태'로 들어갈 때와 같은 느낌이 자연스럽게 일어난 듯 해서 깜짝 놀랐다.

나의 모습이 친구에게도 이상스럽게 보였던 모양이다. 그래서 친구는 의아한 표정으로 나에게 물었다.

"어쩐 일이야, 갑자기 기분이라도 언짢아?"

나는 나 자신이 무엇이라고 대답했는지 기억이 확실치 않다. 아직 대답을 할 수 있는 상태가 아니었을 것이다. 하지만, 나중에 친구가 하는 말을 들어보니, 나는 '음… 불이… 났군. 불이… 보인다…'라고 말하고는 다시 이어서 스톡홀름에, 스톡홀름에…라고 말하고 정신을 잃은 듯 또 자기가 어디에 있는지도 알 수 없는 듯한 모습이었다고 하는 것이었다.

나는 혼탁한 의식 중에서 한 장의 막(幕) 같은 것을 통하여 그 건너편 쪽에 무엇인가 빨간 것이 있는 듯한 느낌이 들었다. 나는 나 자신이 어디에 있는지 모르는 듯한 상태에 있었다. 마치 마술에 걸려 빗자루 위에라도 타고 하늘을 날고 있는 듯한 느낌이 들자, 다음에는 바다 위의 파도에 흔들리는 작은 배에 타고 있는 듯한 기분이 들기 시작했다.

나는 나 자신이 어디에 있으며, 또 무엇을 하고 있으며, 또 내 주위에 어떤 것이 있는가를 확인해 보고 싶은 생각으로 악몽 속을 헤매고 있는 듯 했다. 하지만 나의 의식은 점점 혼탁한 심연 속으로 깊이 빠져 들어갈 뿐이고, 나의 마음은 공포에 사로잡히기 시작했다. 소리를 질러 도움을 청하려고 했지만 나의 목소리는 이미 몇만 년 전에 끊기어져서 아무리 소리를 지르려고 해도 불가능하게끔 되어 있다고 누군가가 나에게 알려준 듯 했다.

나는 이 무시무시한 의식 속에서 마침내 절망 속에 몸을 던지지 않을 수 없다는 것을 깨달았다. 그러나 절망 속에 몸을 던지자마자 이번에는 반대로 나는 평정을 되찾기 시작한 나 자신을 느꼈다. 그리고 나의 고향인 스톡홀름의 거리가 눈앞에 보였다. 거리는 빨간 색으로 둘러 싸여 있었다. 화재(火災)가 났던 것이다.

불은 시의 서쪽에서 시작되고 있었다. 때마침 불어 온 강풍에 실려 그 불길은 차츰 시의 동쪽으로 퍼져 가고 있는 것이 보였다. 그리고 사람들이 허둥대는 모습도 보였다.

나는 내 집도 타는 것이 아닐까 하고 걱정하였지만 나로서는 어쩔 도리가 없었다. 나에게는 다만 그것을 보고 있는 수 밖에 다른 도리가 없다는 것을 나 자신도 알고 있었기 때문이다.

228

내가 이 참을 수 없는 고통에 시달리면서 보고 있는 동안에도 불은 점점 퍼져 갔다. 길에는 온통 갈팡질팡하는 사람의 수가 점점 늘어나고 그 표정도 한층 심각해짐을 알았다.

내가 이 화재사건을 얼마동안이나 보고 있었는지는 알 수 없다. 다만 불은 다행히도 우리 집의 세번째 집에서 멎었다.

내가 정신을 차려 보니 나는 친구의 침대 위에 눕혀져 있었다. 그리고 몸이 완전히 식어 있었으므로 나는 깜짝 놀랐다.

눈을 뜨자 친구와 그의 가족들이 걱정스러운 눈초리로 나를 내려다보고 있음을 알았다.

나는 정신을 되찾자 조금 전에 본 화재의 모습을 친구에게 들려 주었다. 보통 때라면 친구는 이상한 꿈을 꾸었을 것이라고 웃어 넘겼을지 모르겠지만 이 때의 친구의 얼굴에는 무언가 무서운 것이라도 본 것 같은 표정이 떠올랐으므로 그 표정을 보고 오히려 내 쪽에서 놀래어 한 순간 등골이 오싹해지는 듯한 느낌이 들었다. 그것을 나는 지금도 기억하고 있다. 나는,

"걱정하지 않아도 돼. 불은 우리 집의 세번째 집에서 멎었으니까."라고 말하고는 억지로 웃음을 띄어 친구의 기분을 풀어 주려고 했다. 하지만 내가 이렇게 이야기한 이유를 그 친구는 알 탁이 없었을 것이다.

고텐버어그의 시장이 스톡홀름으로 사람을 보내어 화재에 관하여 조사를 시켜서 그 보고를 받은 것은 그로부터 1개월쯤 지나서였다. 그 보고에 의하면 불은 내가 친구와 점심 식사를 나누고 있었을 때

내가 화재가 났다는 것을 느꼈던 바로 그 시간에 일어났었다. 그리고 내가 본 것처럼 시의 서쪽에서 일어나 내가 본 것과 똑같은 모습으로 퍼져 갔었다.

또한 내 집에서 세 집 건너에까지 불길이 왔었지만 다행히 여기서 불길이 가라앉아 화재를 면했다. 화재가 가라앉은 시간도 내가 본 시간과 똑 같았다.

나는 이때 어떻게 해서 그처럼 자연스럽게 '죽음의 상태'가 일어났고, 또 어떻게 스톡홀름의 화재가 그처럼 자세하게 보였는지 그 당시에도 잘 몰랐었고 지금도 완전하게 안다고는 할 수 없다. 다만 지금 나의 영계에 관한 지식을 바탕으로 하여 판단한다면, 나의 영은 고텐버어그에 있던 육체를 벗어나 스톡홀름으로 가서 그곳에서 화재의 현장을 본 셈이 된다.

하지만 내 경험의 범위에서 본다면, 영은 그렇게 멀리까지 육체를 떠난 상태로 자연계에서 일어나고 있는 것을 영의 눈으로 볼 수는 없게 마련이다. 그렇다면 나의 영은 그때 그 스톡홀름의 누군지는 알 수 없는 인간의 육체 안에 스며들어가 그 눈을 빌어 화재를 본 셈이 되지만, 이러한 사정은 현재의 나로서도 완전히 이해할 수는 없다.(역자 주)

【역자 주】 이 이야기는 당시의 온 유럽에 알려진 이야기로서 독일의 철학자인 칸트가 스웨덴보그의 불가사의한 능력의 실례로서 들고 있는 것이다. 또한 칸트는 스웨덴보그에 관해서 책을 저술했다.

12. 영계와 현세(現世)의 차이점

영이나 영계에 관해서 나는 나 자신이 영의 세계, 사후의 세계에서 보고 온 것을 거의 다 이 수기에서 썼다.

나는 수기의 마지막에 즈음하여 영계와 이 세상, 즉 영계와 자연계와의 관계, 영과 인간과의 관계가 어떻게 이루어져 있는가에 관하여 설명하기로 하겠다.

나 자신으로서는 이 수기 전체가 내가 이 세상에서 마지막 남기는 유서인 셈이지만, 여하튼 지금부터 내가 쓰려고 하는 영이나 영계와 인간이나 이 세상과의 관계가 나의 유서 중의 가장 중요한 부분이라고 생각하고 있다.

지금부터 내가 이야기하는 것은 모두가 지금까지 인류 역사상 그 누구도 밝히지 못한 것이 될 것임에 틀림없다.

영계와 이 세상과의 관계

영계와 이 세상의 자연계 사이에는 '대응의 법칙'이라는 것이 있다. 영계에는 이 세상에 있는 모든 것이 물질적인 형체로 되어 있지는 않지만 그와 대응한 것이 존재하며, 이 세상에 없는 것까지 존재하리라는 것은 일반 사람들도 상상할 수 있을 것이다. 또 영계와 이 세상의 공간이나 위치에 관한 관계에 대해서도 조금 전에 설명한 바 있다.

나는 여기에서 영계와 이 세상의 관계에 대하여 좀 더 본질적인 것을 설명하기로 하겠다.

영계와 이 세상은 다른 세계이지만, 동전의 앞뒤처럼 떨어질래야 떨어질 수 없게 연관되어 있다는 것을 나는 이 수기의 앞부분에서 이미 언급한 바 있다. 하지만 나는 이 말에 수정을 가하고 좀 더 정확하게 말하려 한다.

나는 다음과 같이 이야기 하겠다.

영계와 이 세상은 실은 별개의 세계가 아니라 "하나의 세계인 것이다. 그리고 영계와 이 세상은 이 두 가지를 포함한 하나의 큰 세계의 두 가지 다른 부분인 것이다."

영계와 이 세상은 별개의 두 세계가 아니다. 하나의 큰 세계의 다른 부분인 것이다. 이렇게 다른 부분에 지나지 않는 양자 사이에는 여러 가지 면에서 전혀 다른 세계로 밖에는 생각되지 않는 차이가 있다. 하지만 어디까지나 하나의 세계의 두 부분에 지나지 않는다는 증거로 영계와 이 세상 사이에 사람들에게는 잘 모르겠지만 매우 긴밀한 관계가 있다.

이 관계를 몇 번씩 나오는 동전에 비유하면 다음과 같이 된다. 영계와 이 세상은 한 개의 동전 앞뒤처럼 떨어질래야 떨어질 수 없게 굳게 맺어 있는 것이 아니라 본래가 한 개의 동전 앞뒤인 것이다.

232

그러면 좀 더 알기 쉽게 설명하자.

영계의 태양에서 흘러나오는 영류(靈流)가 영계의 생명의 근원이라는 것은 이미 말한바 있다. 이 영류에는 영계의 상·중·하의 3세계에 직접 태양으로부터 흘러 들어가는 것〔직접영류〕과 태양→상세계→중세계→하세계의 경로를 거쳐서 각자의 세계에 흘러 들어가는 〔간접영류〕의 두 가지가 있다는 것을 염두에 두기 바란다.

나는 이 영류에 관하여 설명했을 때 영류는 영계 내의 하세계에까지 밖에는 도달하지 못하는 것처럼 일부러 말해 두었다. 그러나 나는 이제부터는 영류가 하세계에서 다시 인간 세계에까지 도달해 있다고 수정하겠다.

인간의 생명이 우주 공간에 홀로 떨어져서 존재하고 있지 않다는 것은 누구나 알고 있다. 인간의 생명은 그 근원에 있어서 생명의 원천과 관계를 지니면서 목숨이 이어지고 있는 것이다. 그러면 그 생명의 원천이란 무엇인가? 이것이 다름 아닌 영계의 태양인 것이다.

자연계의 태양은 열이나 빛을 자연계에 부여함으로써 자연계의 생명을 길러 주고 생명의 활동도 도와 줄 수는 있다. 하지만 생명의 원천 그 자체가 될 수는 없는 것이다. 왜냐하면 자연계의 태양은 영계의, 태양의, 이 세상에 있어서의 대응물, 이를테면 이 세상에 있어서의 대리인, 대용품에 지나지 않기 때문이다. 이 세상의 태양 , 자신의 원초(原初)는 영계의 태양인 것이다.

여기서 사람들에게는 큰 의문이 생길 것임에 틀림없다. 그러면 인간은 어떻게 해서 영계의 태양으로부터의 영류를 받고 있는 것일까?

첫째, 영계의 존재가 아닌 인간이 어떻게 영계의 태양으로부터 흘러나오는 영류를 받을 수 있는 것일까?

이 의문에는 나는 다음과 같이 답하겠다. 인간의 생명의 근원은 본래가 영(靈)인 것이다. 그리고 인간의 육체 안에 살고 있는 영이 영류를 자기 안에 흡수함으로써 인간은 생명을 이어갈 수 있는 것이다. 그러나 당신에게는 나의 이 대답 자체가 아직 충분하게 납득되지 않을는지도 모른다. 그리고 다시 새로운 의문이 일어나겠지만, 이 의문은 내가 이 장에서 설명하는 것을 끝까지 읽으면 자연히 알게 되는 문제인 것이다.

그리하여 나는 이 의문에는 당장 대답하지 않고 이 의문 속에 여러분을 그냥 놓아 둔 채 한마디만 앞으로 나아가기로 하겠다. 그것은 다음과 같다.

인간의 육체 안에 영이 깃들고 있는 비밀은 전에 영계의 공간과 이 세상의 공간을 설명한 곳에서 설명한 것과 같은 두 개의 성질이 다른 공간적인 관계에 의한 것이라는 데 있다.

여기서 좀 더 다른 관점에서 살펴보기로 하자. 여러분이 예를 들어 누군가에게 어떤 축복의 말을 주고 싶은 생각을 가지고 있다고 하자. 하지만 여러분이 단지 마음속으로 그렇게 생각하고 있는 것만으로는 그 의사가 완결되고 완성되었다고는 할 수 없다. 그것이 완성되려면 여러분은 그것을 언어나 편지의 형태로 표현해야만 한다.

영계와 이 세상과의 관계도 실은 이와 마찬가지인 것이다. 물질계가 아닌 영계가 그 의도나 의사를 물질계에서 완성하려면 영에게 인간이라는 물질적 형태를 부여하지 않으면 안된다.

인간계는 영계의 종극점(終極點)이며, 영계의 생명의 근원인 영류도 그 종극적 수단인 인간의 육체 속에 영을 깃들게 함으로써 이 영에게 자기가 이루고저 하는 최종 목표를 달성하게 하는 것이다. 따라서 영계의 태양에서 발한 영류는 그 종극점인 인간의 육체에 이르러 최종적으로 흐름을 멈추는 셈이 된다.

이상의 설명으로 영계와 이 세상이 실은 하나의 세계의 다른 부분에 지나지 않는다는 것을 나는 밝힌 셈이다. 이것은 영쪽, 즉 영계 쪽에서 보면 아주 간단한 일이지만 이 두 가지 다른 부분을 구별하는 것이 바로 하나의 분수령으로서 인간의 육체적 죽음이라는 것이다.

이 경계가 적어도 영과 영계의 존재를 알지 못하는 인간에게는 더할 나위없이 중대하게 여겨진다. 그 까닭은 인간에게는 사실 영계에 관해서는 잘 모르게 되어 있기 때문이지만 어떻게 인간이 이와 같이 만들어졌는가에 대해서는 나중에 설명하기로 하겠다.

다만 여기서 한 가지만 언급해 두면 영계와 이 세상을 구별짓는 육체의 죽음이라는 경계선상에는 이 세상이나 영계에게도 참으로 여러 가지 사건이 일어나고 있으며, 인간이 영계의 존재를 희미하게나마 알 수 있는 것은 이 경계선상에서 일어나는 사건 —죽음의 알림, 영의 통지, 유령 등 —에 의해서인 것이다.

어떤 물체가 두 부분으로 나누어져 있을 때 그 두 개의 부분은 서로 상대방에 대항하는 관계에 있거나 또는 그 반대로 상대방을 보완해 주는 역할을 지니고 있다.

영계와 이 세상과의 관계에서도 마찬가지이며, 영계와 이 세상과는 상대방을 서로 보완해 주는 협력관계에 있는 것이다.

영계에서의 결혼을 설명했을 때 영계의 결혼은 영의 자손의 번식을 목적으로 하지 않고 남녀 두 영이 영적인 결합에 의해서 서로 영적인 행복과 영적 이성이나 지혜의 번식을 목적으로 한다고 말한바 있다.

이에 반하여 이 세상에서의 결혼은 자손의 번식을 목적으로 삼고 있다. 결혼이라는 한 가지 사실만 보아도 이만큼 다른데 이것은 영계와 이 세상이 서로 협력관계에 있다는 것을 나타내는 것이기도 하다.

즉, 인간계는 영계에서 보면 영계에서는 불가능한 '장래의 영'의 번식을 꾀하고 있는 세계라고 할 수 있다. 또한 영계는 육체에 깃들어 있는 영에 의해서 영계의 태양 영류를 인간에게 간접적으로 받아들이게 하여 인간의 생명 지속을 꾀하고 있는 것이다.

인간과 영과의 관계

인간계가 영계의 종극점인 것과 똑같은 이유로 인간은 영의 종극점인 것이다. 또 인간의 생명의 계속과 영의 번식이라는 양면에서 인간과 영이 협력관계에 있는 존재라는 것은 방금 살펴본 바와 같다. 그러므로 나는 여기에서 지금까지 이 수기 속에서 이야기해 온 것을 간단하게 간추려 보겠다.

인간은 물질계에 속하는 육체와 영계에 속하는 영으로 이루어져 있다. 그리고 육체, 즉 물질계에 속하는 것은 육체 자체를 비롯하여 눈이나 귀, 코 등 육체적인 감각 따위가 있다고 하지만, 이들의 활동을 가장 깊숙한 곳에서 지배하고 생명 그 자체를 육체에 부여해 주고 있는 것은 인체의 태양의 영류를 받아들이고 있는 영인 것이다.

영의 활동이 인간에게 자각(自覺)되는 일은 보통은 별로 없는 일이지만 사람들이 가끔 화제에 담는 자신도 그 까닭을 알 수 없는 '불가사의한 영감'이라든가 '영적 지각'이라는 것은 영의 활동과 거의 같은 것이다.

육체의 인간과 영은 어느 쪽이 본질적인 것인가?

이 문제에 대한 대답은 이 수기를 지금까지 읽어 온 사람들에게는 더 말할 필요도 없을 정도로 분명할 것이다. 육체적인 인간에게 생명 그 자체를 부여하고 이것을 지배하고 있는 영이 주인공이라는 것이 너무나 분명하기 때문이다. 그러므로 나는 각도를 약간 바꾸어 예를 들어가면서 사람들에게 좀 더 알기 쉽게 이것을 설명하기로 하겠다.

사람들에게 보다 알기 쉬운, 조금 전에 내가 말한 영계와 이 세상의 경계선상에서 일어나는 것을 예로 들겠다.

당신이 만약 유령을 보았다고 하자. 또 친한 사람의 죽음의 소식을 진귀한 꿈이나 한낮의 환영과 같은 것으로 알았다고 하자. 이 순간 당신은 어디에 있었는가 하면, 당신 자신은 내가 말한 생과 사의 경계선상에 있었던 것이다.

당신은 유령이 이 세상에 나타났다고 생각할는지도 모른다. 또 죽음의 소식도 당신의 눈이나 귀라는 육체적 감각을 통하여 감지한 것이라고 생각할는지도 모른다. 하지만 이것은 앞에서도 잠시 언급한 바와 같이 어디까지나 당신의 착각인 것이다. 당신은 유령을 본 순간이나 죽음의 소식을 들은 순간에는 육체적으로는 이미 죽어서 순간적으로 영이 되어 있었기 때문에 그 영의 눈에 의해서 유령이 보이거나 죽음의 소식을 받을 수 있었던 것이다. 당신은 한 순간 영의 세계로 들어간 셈이 되는 것이다.

그러면 이 경계선을 반대로 영 쪽에서 보기로 하자. 영계에서 물질계, 인간계로 들어올 때 영은 그 경계선상에서 영적으로 죽는 것일까? 만약 영적으로 죽는다면 영은 물질계의 존재 그 자체로 변하지 않으면 안 된다. 하지만 이런 일은 있을 수 없는 것이다.

영에게는 경계선도 없고, 물질계에 속하는 인간의 육체 안에 머무르고 있다 하더라도 영에게는 그 곳 역시 영계인 것이다. 경계선은 단지 인간이 육체의 죽음이라는 측면, 또는 마찬가지이지만 육체의 삶이라는 세계에서 본 경우에 존재하는 것에 지나지 않으며, 영이나 영계의 입장에서 보면 그와 같은 것은 전혀 존재하지 않고 존재한다는 것조차 불가능하기 때문이다.

이 때문에 인간에게는 영이 그 본질적인 존재이며, 육체는 극히 예외적인 것에 지나지 않는다는 것을 누구나 알았을 것이다. 영계와 이 세상을 하나로 포함한 하나의 큰 세계 안에서는 이 세상은 하나의 예외적인 것이며, 영계의 한낱 변종(變種)에 불과하다고 해도 과언이 아니다.

어째서 인간은 영에 관한 일을 알 수 없는가?

이에 대해서는 나는 이 수기 안에서 인간은 물질계 안에 있고, 그 생각도 물질계적이기 때문에 영에 대해서 모른다고 말해 왔다. 확실히 이 말에는 틀림이 없지만 나는 여기서는 한걸음 더 나아간 이야기를 두 가지 입장에서 하기로 하겠다.

아무리 멀리 떨어진 곳에서도 새는 틀림없이 자기의 둥우리로 돌아갈 수가 있다. 꽃은 때가 오면 정확하게 꽃피우고 열매를 맺는다. 또 약간의 지혜밖에 없는 듯한 꿀벌이 인간도 미치지 못하는 정교한 둥우리를 만들고 질서가 잡힌 집단생활을 한다. 이것은 잘 생각해 보면 크나큰 불가사의인 것이다. 거기에는 자연계의 지혜가 배후에서 작용하고 있음을 누구나 느끼지 않을 수 없을 것이다.

인간이 영계나 영에 관하여 잘 모르는 것도 실은 육체적인 존재로서의 인간이 자연계의 지혜에 조정을 받고 있기 때문인 것이다. 만약 인간이 영의 존재, 그 영원성을 정말 확신을 가지고 믿을 수 있게끔 모든 인간이 되어 있다면 어떻게 될까? 아마도 대부분의 사람들은 자기에게 조그마한 불행이나 좌절이 오더라도 그 육체적, 자연적인 생명을 완전하게 마치지 않고 스스로 목숨을 끊고 영계로 가버릴 것이다.

자연계는 그 불가사의한 지혜에 의해서 인간에게 자연적인 생명을 완전하게 마치도록 하기 위해서 영이나 영계의 존재와 영원성을 그 죽음의 순간에까지 인간의 눈에 띄지 않도록 하고 있는 것이다.

인간이 영에 관한 일을 모르는 이유는 또 한 가지가 있다. 또 이 이유는 동시에 영이 인간의 존재를 모르고 있다는 것과 표리(表裏)의 관계에 있다.

인간은 영과 육체의 두 가지 요소로 되어 있으나, 만일 인간이 항상 자신의 육체 안에서 깃들고 있는 영의 존재를 의식하고 그 영에게 지배당하고 있다고 생각하고 있으면 어떻게 될까?

자유를 무엇보다도 원하고 있는 인간은 반드시 자신을 지배하려고 하는 영에게 대항하게 되고, 양자 간에 투쟁이 일어날 것임에 틀림없다. 또 인간 안에 깃들어 있는 영도 그것을 전혀 모르고 있다. 그들에게는 자연계의 존재인 인간의 육체는 보이지 않는다. 그리고 그 결과 영은 인간 그 자체도 자신이라고 생각하고 있는 것이다.

이것은 인간이 영의 존재를 느끼지 못하고 자신의 전체가 모두 자신의 것이라고 생각하고 있는 것과 마찬가지인 것이다.

영은 인간의 내부에 깃들고 있음을 느끼지 못하고 모두가 자신이라고 생각하면서 인간의 육체에 생명을 부여하고 그 생각이나 사고(思考)를 무의식중에 지배하고 있는 것이다. 여기에는 영계와 자연계 두 가지를 하나로 합친 큰 세계의 지혜가 작용하고 있다. 왜냐하면 영 중에는 흉령이라는 것도 있어서 이 영은 자기와 관계가 있는 것의 생명이나 사고(思考)를 파괴하려고 항상 노리고 있다.

만일 이 영이 인간의 육체에 깃들어 있을 경우에 흉령에게 그것이 자신이 아니라 인간이라는 것의 육체임을 알게 되는 날에는 당장 그 육체에 해가 미치기 때문이다. 그러나 흉령이라 하더라도 인간을 그 자신이라고 생각하고 있는 한 역시 그것을 귀중하게 여기고 이 육체에 생명을 부여하는 역할을 하게 마련인 것이다.

13. 나 자신의 죽음의 예고

　이 수기의 마지막에 나는 존 웨슬레이라는 어떤 교회의 목사에게 보낸 편지에 관하여 써두기로 하겠다. 일부러 이런 사신(私信)을 내가 여기에 밝히는 이유는 이 안에 나의 최후의 교령술의 결과를 담고 있기 때문이다.

　그 결과는 엄격하게 말하면 나의 사후(死後)가 아니면 그것이 사실이라는 것이 증명되지 않겠지만, 나는 나의 사후에 그것이 증명되리라고 굳게 믿고 있다.

　나는 존 웨슬리에게 다음과 같은 편지를 보냈다. 그는 그때까지는 내가 모르는 사람이었었는데, 나는 영으로서의 지각(知覺)으로 그에게 편지를 보낼 만한 사항들을 알았기 때문이었다.

　─나는 당신이 영계에서 나를 만나보고 싶어한다는 것을 알았습니다. 그리고 나는 1772년 3월 29일에 이 세상을 버리고 참다운 영계의 영이 되리라는 것이 이미 정해져 있는 터이므로, 이것도 함께 다른 사람에게 알려 주시기 바랍니다.

　그러자 그에게서 다음과 같은 놀라운 회답이 왔다.

　─나는 유명한 영매인 당신의 이름을 오래 전부터 알고 있었습니

다. 나는 당신이 보낸 편지를 친구들의 면전에서 개봉했습니다. 하지만 내가 영계에서 당신을 만나고 싶어 한다는 사실을, 한 번도 만나 본 일도 없는 당신이 어떻게 알았을까 하고 모두가 이상하게 여기고 경악을 금치 못하고 있습니다.」

나는 그의 영으로부터의 교신에 의해서 그가 희망하는 것을 나의 영적 지각(知覺)으로 알게 되었는데, 이것은 살아있는 사람의 영과의 교신이고, 나에게는 흔히 있는 예에 지나지 않는다. 그것은 그렇다 손 치고, 나의 살아있는 사람의 영과의 교령술은 존 웨슬레이로부터 온 회답으로 분명히 증명되었을 것이다.

내가 이 세상에 남기고 가는 것은 단지 현세의 일을 마친 이 나의 육체 이외에 이 수기가 있을 뿐이다. 하지만 이 수기를 다 쓴 다음에는 나로서는 이 세상에 미련을 남길만한 것이라고는 아무 것도 없다.

내가 웨슬레이에게 보낸 편지에서 밝힌 나의 죽는 날에 관한 예언을 지금은 믿어 주는 사람이 별로 없겠지만 나의 사후(死後), 즉 1772년 3월 29일 이후에는 그것이 사실이라는 것이 증명될 것이다.

♣ 스웨덴보그는 그의 예언대로 죽음의 날(1772년 3월 29 일) 다시는 돌아올 수 없는 영의 세계로 떠났다.

본서는 찬연히 빛나는 우리 불교문화를 세계에 꽃피운
삼장법사 일봉 서경보스님의 오묘하면서도 평이한 설법으로서
부처에의 길을 밝혀주는 暗夜行燈이다.

일봉 서경보 스님/저

불교명저

전10권 일봉 서경보 스님/저

이 책은 승려, 불자들을 위해 세계적인 碩學 서경보스님의

저서 1,400종 중에서 名著만을 엄선하여 집대성한 佛敎 大敍事詩다!

佛敎란 무엇인가?

부처님이 깨달은 법에 대한 가르침이며,
그러한 깨달음의 길로 인도하는 가르침이다.
따라서 불교는 살아서 깨닫고 살아서
부활하는 가르침이다.

1권 · 불교란 무엇인가
2권 · 선이란 무엇인가
3권 · 부처는 누구인가
4권 · 관음이란 누구인가
5권 · 반야심경은 살아있다
6권 · 선방야화
7권 · 윤회전생
8권 · 반야의 문
9권 · 부처는 어디에 있는가
10권 · 부처님의 위대한 열반

★ 전국 유명서점 공급중

스웨덴보그 약력

1688년 스웨덴에서 태어나 1772년 런던에서 사망하였다.
그는 84년이라는 긴 생애를 살았는데 과학자, 발명가, 철학자로서 50여 권의
책을 저술한바 있다. 그 중에서도 세계적인 기서(奇書)인 「나는 영계를 보고왔
다」는 250여 년이 지난 오늘날까지도 불멸의 책으로 애독되고 있다.

나는 영계를 보고 왔다

2022년 9월 5일 개정판 발행

지은이 | 스웨덴보그
옮긴이 | 하재기
편집 · 기획 | 이광희
발행인 | 이관희

발행처 | 서음미디어
등 록 | 2009. 3. 15 제 7-0851호
주 소 | 서울시 동대문구 난계로 28길 69-4

표지일러스트 | Juya 기획
본문편집 | 은종기획

Tel | 02) 2253 - 5292
Fax | 02) 2253 - 5295

Prient in korea
* 파본은 바꾸어 드립니다.